Christine Fehér • Dann bin ich eben weg
Geschichte einer Magersucht

cbt

DIE AUTORIN

Foto: © Archiv Sauerländer, Patmos Verlag

Christine Fehér wurde 1965 in Berlin geboren. Sie unterrichtete Religion an der Schule einer psychiatrischen Kinder- und Jugendklinik. Zurzeit arbeitet sie an einer Grundschule. Außerdem schreibt sie Kinder- und Jugendbücher.

Christine Fehér

Dann bin ich eben weg

Geschichte einer Magersucht

cbt – C. Bertelsmann Taschenbuch
Der Taschenbuchverlag für Jugendliche
Verlagsgruppe Random House

Umwelthinweis:
Alle bedruckten Materialien dieses Taschenbuchs
sind chlorfrei und umweltschonend.

Wir danken Frau Dr. Gesine Mörtl für die fachliche Beratung.

3. Auflage
Erstmals als cbt Taschenbuch November 2005
Gesetzt nach den Regeln der Rechtschreibreform
© 2002 Christine Fehér, Patmos Verlag GmbH & Co. KG,
aare by sauerländer, Düsseldorf
Alle Rechte dieser Ausgabe bei cbt/cbj Verlag, München
in der Verlagsgruppe Random House GmbH
Umschlagfoto: Corbis, Düsseldorf
Umschlagkonzeption: init.büro für gestaltung, Bielefeld
If · Herstellung: CZ
Satz: KompetenzCenter, Mönchengladbach
Druck und Bindung: GGP Media GmbH, Pößneck
ISBN-10: 3-570-30170-2
ISBN-13: 978-3-570-30170-8
Printed in Germany

www.cbj-verlag.de

68,3 kg
Morgens: 4 Scheiben Toast mit
Nuss-Nugat-Kreme,
2 Tassen gesüßter Tee
Vormittags: 1 Apfel, 1 Salamibrot, 1 Dose Cola
Mittags: 1 Hühnerkeule, 2 Semmelklöße mit Soße,
Erbsen und Möhren, 1 Glas Milch
Nachmittags: 1 Teller Kohlrabisuppe, 1 Käsebrötchen,
3 Kugeln Eis, 2 Dosen Cola
Abends: 2 belegte Brote, 1 Tomate,
0,5 l Buttermilch
Spät abends: $^1/_2$ Tüte Kartoffelchips,
1 Glas Apfelsaft

»Ist deine Reisetasche gepackt, Sina?« Mama stößt die Tür zu meinem Zimmer auf und kommt herein. Mit zwei langen Schritten eilt sie zum Schrank, reißt die große Doppeltür auf, wirft einen prüfenden Blick hinein und nickt triumphierend. Dann dreht sie sich kopfschüttelnd zu mir um, ausgerechnet jetzt, wo ich in Slip und Pullover auf dem Bett herumgammle.

»Genau das habe ich mir gedacht«, sagt sie und betont jedes Wort einzeln. »Aber deine Unterhemden werden mitgenommen, mein Fräulein. Es kann kühl werden, wenn wir bei Opas Geburtstag abends draußen sitzen.« Sie greift in die Tasche, hebt mit einer Hand den Inhalt ein wenig an und zählt die Shirts und Blusen durch, die ich extra ordentlich gefaltet hineingelegt hatte. »Schließlich haben wir erst Mai. Letzte Woche war sogar noch Bodenfrost.«

»Du hättest wenigstens anklopfen können.« Genervt rappele ich mich zum Sitzen hoch. Meine weiße Lieblingsjeans mit der aufgenähten rosa Spinne, die am Fußende gelegen hat, rutscht herunter und fällt zu Boden. Ich bücke mich und hebe sie auf, dann lehne ich mich erneut zurück und sehe meine Mutter an, betrachte die akkurat gelegte, schwarz gefärbte Lockenfrisur und den dunkelroten Lippenstift, atme den beißenden Geruch von zu viel Haarspray und einem billigen Parfüm ein. Bei dieser Duftmischung muss ich jedes Mal an früher denken, an einen Ausflug auf den Rummelplatz, als ich noch klein war. Damals hatte ich Zuckerwatte gegessen und mein ganzes Gesicht klebte davon, aber sosehr ich mich auch umsah, nirgendwo war ein Brunnen oder ein Wasserhahn, wo ich mich hätte waschen können. »Halt mal kurz still, Sinchen«, sagte Mama schließlich, »ich mach dich sauber.« Kurz entschlossen spuckte sie in ein Taschentuch und wischte mit scheuernden, kreisförmigen Bewegungen in meinem Gesicht herum. Alles roch genauso wie jetzt, das Taschentuch, die Spucke, meine Mutter. Beinahe hätte ich angefangen zu heulen, das Scheuern brannte so auf den Wangen. Doch ich heulte nicht. Stattdessen habe ich einfach die Augen geschlossen und mich weggeträumt, mich heimlich in ein ganz anderes vierjähriges Mädchen verwandelt, das irgendwo weit weg mit ihrer Mutter glücklich zusammenlebte.

28 Grad im Schatten, meine Mama und ich haben unsere leichtesten Sachen an, als wir zusammen über das Straßenfest in unserem Viertel bummeln. Am Eisstand kauft sie mir eine große

Portion, die Waffeltüte ist größer als meine Hand. Das Eis schmilzt beinahe schneller, als ich lecken kann, ich lecke mit der Sonne um die Wette, aber schließlich gewinne ich doch. Meine Hände kleben von rosa Eissoße mit Kaugummigeschmack, auch rund um den Mund kriege ich das Zeug nicht ab, es ist so schnell getrocknet in dieser Hitze. Meine Mama reicht mir ein Papiertaschentuch, doch auch das bleibt an mir kleben und reißt ein. Wir lachen, aber dann fliegt eine Wespe auf mich zu und setzt sich genau auf meine Hand.

»Halt still«, sagt Mama leise, um weder mich noch die Wespe zu erschrecken, und hält meine kleine Hand in ihrer, während wir das Insekt zusammen beobachten. »Sie will wohl auch Eis essen.« Ich habe Angst, dass sie mich sticht, aber ich bleibe ruhig, und schließlich breitet die Wespe ihre durchsichtigen Flügel aus und fliegt fort.

»Wir müssen dich waschen, sonst kommt sie wieder«, sagt Mama und blickt sich um, aber hier auf dem Fest gibt es kein Wasser.

»Da hinten beim Imbiss haben sie feuchte Erfrischungstücher«, ruft sie plötzlich, »komm schnell!« Wir rennen hin und stellen uns an die Theke.

»Hinten ist das Ende, junge Frau«, knurrt ein Mann mit dickem Bauch und Glatze. Dabei hat er seine Bratwurst gerade bekommen. Der Wurstverkäufer bückt sich nach einem neuen Eimer Ketschup, da greift Mama in die Schachtel mit den Erfrischungstüchern und holt blitzschnell zwei Stück heraus. Dann nimmt sie meine Hand, und wir rennen davon bis zu dem kleinen Park am Ende der Straße, wo wir uns lachend auf den Rasen fallen lassen. Mama reißt eines der beiden kleinen Tütchen für mich auf und faltet das feuchte Tuch auseinander.

Ich halte es an mein Gesicht. Es riecht wunderbar nach Sommer und Zitrone.

»Ich platze auch nicht einfach herein, wenn du dich im Schlafzimmer anziehst.« Mit verschränkten Armen bleibe ich einfach stur sitzen. Ihre Schuld, wenn sie glaubt, ich müsste dabei kontrolliert werden, wenn ich Unterhosen abzähle.

»Davon sehe ich nichts, dass du schon beim Anziehen bist.« Mama greift sich ins Kreuz und ächzt, während sie sich wieder aufrichtet. Dann wendet sie sich zum Gehen. »Ich liege dabei jedenfalls nicht im Bett. Und jetzt Beeilung bitte! Papa und Felix sind schon längst fertig, wir warten nur noch auf dich. In einer halben Stunde fahren wir los. Und kämm dich ordentlich!«

»Tür zu!«, rufe ich, doch Mamas Schritte entfernen sich. Seufzend schiebe ich die Bettdecke zurück, stehe auf und greife nach meiner Jeans. Mühsam zwänge ich meine Beine hinein – nach dem Waschen sitzt sie immer so fürchterlich eng. Das fehlt mir gerade noch, dass ich sie nicht zukriege. Ist sowieso wieder mal typisch, dass wir uns alle so aufbrezeln müssen, nur damit wir einen gepflegten Eindruck machen, wenn wir bei Oma und Opa ankommen. Wir fahren mindestens sechs Stunden, da ist Mamas Drei-Wetter-Taft-Gestank sowieso längst verflogen.

Ich ziehe und zerre, doch ich stecke fest, die Jeans lässt sich nicht über meine Oberschenkel ziehen. Eine der Gürtelschlaufen kracht bedenklich, als ich noch einmal mit dem Daumen daran rüttle.

So wird das nichts. Dann also im Liegen. Ich lege mich rücklings auf den Boden, ziehe den Bauch ein und zerre noch einmal mit aller Kraft an dem Reißverschluss. Nun noch den

Knopf. Ich halte die Luft an und versuche, ihn durch das Loch zu zwängen. Nur mühsam bekomme ich meine Finger zwischen den derben Stoff der Hose und meinen Bauchnabel. Doch schließlich habe ich es geschafft: Die Jeans ist zu! Ich versuche aufzustehen, ohne dabei die Knie zu beugen, aus Angst, die Naht an den Oberschenkeln könnte reißen. So eng hat diese Jeans doch noch nie gesessen! Mit klopfendem Herzen trete ich vor den Spiegel meines Kleiderschranks und schiebe den Pullover ein paar Zentimeter über meine Taille. Und da sehe ich es. Habe ich eben wirklich »Taille« gesagt? Oben aus dem Hosenbund quillt alles heraus, was in diese schmal geschnittene Jeans nicht hineingepasst hat, eine regelrechte Fettwulst, bleich und wabbelig.

Du bist dicker geworden, Sina Wagenknecht, sage ich zu mir selbst und strecke meinem Spiegelbild die Zunge heraus. Und jetzt auch noch diese Familienfeier, bei der den ganzen Tag nur gefressen wird. Eine Sahnetorte nach der anderen. Verflixt. Ich ziehe meinen Pulli wieder hinunter. Zum Glück ist er so lang, dass er meinen ganzen Hintern bedeckt. Dann lege ich mich abermals aufs Bett und streiche mit den Fingern über den Aufnäher auf dem linken Hosenbein, eine rosa Spinne mit langen, dünnen Beinen. Den hat meine beste Freundin Melli mir damals zusammen mit der Hose geschenkt.

Melli stand die weiße Jeans eigentlich immer viel besser. Aber sie ist im letzten halben Jahr wie verrückt in die Höhe geschossen und dann war ihr das gute Stück einfach zu kurz. »Probier du sie an«, sagte Melli eines Nachmittags zu mir und warf mir dieses coole Teil in die Arme, und tatsächlich habe ich damals ohne Probleme hineingepasst. Mama redete den ganzen Abend am Telefon auf Mellis Mutter ein, ob es ihr auch recht wäre, dass ihre Tochter so eine gute Hose einfach hergibt, blablabla. Kurz darauf war es auch noch hip, zu kurz gewordene Jeans einfach mit bunten Stoffresten zu verlängern, sodass Melli tatsächlich mit ihrem Entschluss ins Wanken geriet. Aber jetzt gebe ich die Hose nicht mehr her! Schließlich hat Melli nur abgewinkt, gelacht und mir den Spinnenaufnäher in die Hand gedrückt.

»Denk immer an Melli mit den Spinnenbeinen«, hat sie gesagt. »Ich hab mir den gleichen gekauft und nähe ihn auf meine neue Hose. Wir können ja mal im Partnerlook gehen.«

Doch daraus wird wohl vorerst nichts werden. Zu Melli mag der Aufnäher ja passen, aber was für eine Blamage wäre es, wenn ich ihn trage und mitten beim »Partnerlook-Gehen« die Nähte an meinen fetten Oberschenkeln platzten? Spinnenbeine! Ha!

»Sina!« Schon wieder steht meine Mutter im Türrahmen. »Hast du mich nicht rufen hören? Komm, wir wollen noch schnell essen, bevor wir losfahren. Ich habe noch so viel Suppe von gestern übrig, es wäre schade, sie wegzuschütten. Und bis wir wiederkommen, ist sie schlecht.«

»Suppe essen?« Ich starre Mama an und spüre den Hosenknopf hart gegen meinen Bauchnabel drücken. »Es gab doch vor zwei Stunden erst Mittag. Ich bin jetzt noch pappsatt.«

»Aber die Fahrt wird lang. Wenn wir erst in einen Stau kommen, reicht unser Proviant nicht, und dann habt ihr Hunger, Felix und du.«

»Felix kann meinetwegen essen. Ich möchte nichts.«

Mama schüttelt den Kopf. »Da müht man sich ab und kocht für euch und hinterher kann man die Hälfte wegschmeißen. Aber das verstehst du wahrscheinlich erst, wenn du selber Kinder hast, die dir auf der Nase herumtanzen.«

»Ich tanze dir nicht auf der Nase herum! Du kannst die Suppe doch auch einfrieren. Es ist wirklich Schwachsinn, so kurz nach dem Mittagessen. Schau her!« Ich zeige meiner Mutter die Speckrolle über der Hüfte. »Bald kriege ich die Hose nicht mehr zu. Sieht das vielleicht schön aus?«

»Es schreibt dir keiner vor, solche knallengen Jeans zu tragen. Das soll ganz ungesund sein, habe ich neulich erst wieder gelesen. Und jetzt komm, eh alles kalt wird. Ich will die Küche wieder sauber haben, bevor Frau Hilger kommt und den Schlüssel abholt. Sie ist so nett und füttert deine Katze, solange wir weg sind.«

Eine halbe Stunde später sitze ich neben meinem dummen zwölfjährigen Bruder Felix auf dem Rücksitz unseres Autos und bekomme kaum noch Luft. Der Hosenbund kneift in der Taille, und obwohl es draußen richtig warm ist, fährt mein Vater bei hochgekurbelten Fenstern. Die Kohlrabisuppe, um die ich dann doch nicht herumkam, schwappt bei jeder Kurve in meinem Magen. Bestimmt muss ich gleich kotzen. Ich krame meinen Discman aus dem Rucksack, stöpsle mir die Kopfhörer in die Ohren und lehne mich zurück. Am liebsten würde ich jetzt noch den Knopf meiner Jeans aufmachen, aber dann lässt Felix bestimmt gleich einen seiner dämlichen Sprüche los. Also setze ich mich stattdessen bloß etwas schräg hin und strecke die Beine aus, so gut das im Auto eben möglich ist, schließe die Augen und genieße die ersten Klänge meiner Lieblings-CD.

»Mach dich nicht noch fetter, als du bist«, motzt Felix mich von der Seite an, ohne von seinem Gameboy aufzusehen.

»So fett wie *du* bist, kann ich mich gar nicht machen«, kontere ich.

Felix haut mir seinen Ellbogen in die Seite. »Alte Seekuh. Nimm jetzt deinen hässlichen Gewaltarsch da weg.«

»Kinder, vertragt euch!« Mamas Augen sehen uns vom Schminkspiegel über dem Beifahrersitz aus mahnend an. »Papa und ich haben keine Lust, die ganze Fahrt lang euer Geschrei anzuhören. Nachher baut er noch einen Unfall, weil er sich nicht konzentrieren kann. Außerdem möchte ich nicht, dass ihr beide verzankt bei Oma und Opa ankommt.«

Ich setze mich wieder gerade hin. »Alles klar«, stöhne ich. »Die Klügere gibt nach. Soll Felix doch hinter seinem Gameboy verblöden, man merkt es ja jetzt schon an seinen Sprüchen. Alles balla-balla.« Demonstrativ drehe ich den Lautstärkeregler höher und versuche, das Kneifen meines Hosenbundes zu ignorieren. Nach Felix' Bemerkung sind mir Tränen in die Augen geschossen, so was Bescheuertes! Um nicht richtig loszuheulen, lehne ich meine Stirn an die Fensterscheibe und lasse die Landschaft an mir vorüberziehen.

Felix hat gut reden. Er ist zwar auch nicht gerade schlank, genau wie unsere Eltern, aber ihn scheint das wenig zu stören, weil er ohnehin immer Schlabberhosen und weite Sweatshirts trägt. Und wenn jemand versucht, ihn zu hänseln, zeigt er seine Faust und behauptet allen Ernstes, das wären alles Muskeln. Nur weil er tatsächlich ziemlich groß und kräftig für sein Alter ist – im Gegensatz zu seinem Hirn –, hat er nach einem solchen Auftritt meistens für eine Weile Ruhe.

Madonna singt »American Pie« und mein ganzer Kopf ist von der Musik erfüllt. Wenn ich etwas bessere Laune hätte und mich frei bewegen könnte, würde ich jetzt tanzen. Hat Melli nicht erst kürzlich erzählt, dass Madonna früher auch mal ziemlich dick gewesen sein soll? Aber jetzt ist sie natürlich längst schlank und hat die tollste Stimme der Welt. Singen können, das wäre toll! In Musik habe ich zwar eine glatte Eins, die ich neulich mit dem Referat über die Komponisten der Spätromantik noch aufpoliert habe. Aber auf der Bühne stehen und singen – mit *der* Figur?

»Käsebrötchen, Sina?« Mama hält mir eine Provianttüte vor die Nase und schon läuft mir das Wasser im Mund zusammen. Noch ehe Felix nach der Tüte greifen kann, habe ich schon hineingelangt, wickele ein Brötchen aus und beiße hinein. Meine Zunge schmeckt den überbackenen Käse, bei dem man gleich an Pizza denkt, den weich gebackenen Brotteig unter der frischen goldbraunen Kruste, die Salzbutter und den doppelt gelegten Emmentaler dazwischen. Ich kaue und schlucke wie blöde, denke an nichts anderes mehr als an diesen herrlichen Geschmack, beiße wieder ab und esse weiter, viel zu schnell ist das Brötchen weg und breitet sich in meinem Magen aus. Auch Felix isst, sein Salamibaguette kracht, wenn er seine Zähne hineinrammt, und sein Pullover ist von Krümeln übersät. Vorne hält Mama ein Brötchen genau vor Papas Mund, damit er zum Abbeißen auch ja keine Hand vom Lenkrad nehmen muss.

»Nachher gibt es für alle noch ein Eis«, verspricht sie und lächelt. »Aber erst wenn wir beim Rasthaus eine Pause machen.«

Das Haus meiner Großeltern liegt bereits im Dunkeln, als ich meine Reisetasche hinter Mama und Papa her durch den Vorgarten schleppe. Die dichten, akkurat geschnittenen Hecken sind noch höher, als ich sie in Erinnerung hatte. Meine Oma linst schon durch ihre Küchengardine nach uns, zieht sie aber sofort zu, sobald wir das Grundstück betreten.

Noch ehe wir an der Haustür klingeln können, hat sie sie schon geöffnet. Es geht auf Mitternacht zu, aber sie steht im Sonntagskleid dort, frisch frisiert und geschminkt und sogar nach Kölnisch Wasser duftend.

»Endlich!« Oma streckt zuerst Mama beide Hände entgegen und zieht sie an sich, dann begrüßt sie Papa mit Handschlag. »Was bin ich froh, dass ihr da seid! Man macht sich ja doch immer Sorgen, es könnte unterwegs etwas passieren. Kommt herein, meine Lieben.« Sie lässt meine Eltern los und kneift Felix in die Wange. »Groß ist er geworden, der Junge, tüchtig.« Dann hebt sie mein Kinn ein wenig an, und ich spüre ihre kalten, faltigen Finger, während sie mich prüfend betrachtet. »Du siehst auch gut aus, Mädchen. Eine richtige junge Dame bist du schon. Wie lange haben wir uns nicht gesehen?«

Ziemlich geschafft blinzle ich gegen die plötzliche Helligkeit an. »Ein Dreivierteljahr ungefähr.«

Oma nickt. »Und? Immer noch so gut in der Schule?«

»Auf dem letzten Zeugnis war sie bei den drei Besten in der Klasse«, antwortet Mama, als ob ich das nicht selber könnte. »Lauter Einsen und Zweien, sogar in Latein, nur zwei Fehltage und keine einzige Verspätung.«

»So ist es fein, mein Kind.« Oma tätschelt mir die Wange. »So ist es Familientradition. Aber nun kommt. Machen wir es uns noch ein bisschen gemütlich. Ich habe einen kleinen Imbiss vorbereitet. Sicher seid ihr hungrig nach der langen Fahrt.«

»Wo ist denn Opa?« Ich habe gleich im Flur meine Tasche abgestellt, bin als Erste ins Wohnzimmer getreten und blicke mich suchend um. Auf den Rückenlehnen der wuchtigen Polstermöbel liegen bestickte Deckchen, die schweren Vorhänge sind geschlossen, die Mahagonischrankwand glänzt im Schein der Deckenlampe und auf Opas Lieblingsplatz liegt nicht einmal seine Brille. »Schläft er schon?«

Oma nickt. »Ich habe ihn vor einer Stunde ins Bett geschickt. Natürlich hat er getobt, das könnt ihr euch ja denken. Aber morgen sieht er euch alle noch lange genug, es kommen so viele Gäste und es wird ein anstrengender Tag für ihn.«

Nicht nur für ihn. So viel dämmert mir nach den paar Minuten schon. Genervt setze ich mich an den Esstisch. Unter Omas Blick falte ich die vor mir liegende Stoffserviette auf meinem Schoß auseinander. Mama schickt Felix zum Händewaschen ins Bad. Papa räuspert sich und rückt seinen Hosengürtel zurecht. Oma geht lächelnd umher und schenkt Saft aus einer Glaskaraffe ein. Schon wieder essen!

68,5 kg
Morgens: 2 Brötchen mit verschiedenem Belag
Mittags: 2 1/2 Teller Brühnudeln mit Hühnerfleisch,
1 Scheibe Roggenbrot mit Butter,
1 Schälchen Schokopudding
Nachmittags: 1 Stück Obstkuchen,
1 Stück Butterkremetorte,
1 Stück Marmorkuchen, 3 Tassen Milchkaffee,
2 cl Amarettolikör
Abends: je 1 Portion Kartoffel- und Nudelsalat,
2 Scheiben Baguette mit Kräuterbutter,
1 Scheibe kalter Braten,
2 Wiener Würstchen, Mixed Pickles, 2 Glas Cola
Zwischendurch: mehrere Hand voll Salzgebäck,
Chips, Erdnüsse

Andauernd klingelt es an der Tür. Meine Oma hechtet zwischen Diele und Wohnzimmer hin und her, empfängt die Gäste, nimmt Blumensträuße und Geschenke für Opa entgegen und hängt Mäntel und Jacken an der Garderobe auf. Im Nu ist die ganze Villa erfüllt von kreischenden Begrüßungsrufen sämtlicher Großtanten, angeheirateter Kusinen und Schwägerinnen und dem dröhnenden Lachen unzähliger Vettern und Onkel, von denen ich nicht mal alle kenne. In der Luft hängt beißender Zigarettenrauch. Mein Opa, dessen achtzigster Geburtstag gefeiert wird, sitzt auf seinem Sessel am Esstisch, wo ich ihn gestern Abend vermisst habe. Obwohl er lange geschlafen hat, blickt er trübe aus seinen blassgrauen Augen auf die gestärkte weiße Tischdecke und schiebt mit welken Fingern sein Brillenetui hin und her. Manchmal geht Oma zu ihm, stellt eine Blumenvase neben ihn oder brüllt ihm den Namen eines Gastes ins Ohr. Dann nickt Opa, meist jedoch ohne überhaupt aufzuschauen. Allmählich frage ich mich, ob er überhaupt noch rafft, was das alles soll. Dennoch wird er fortwährend umarmt, beglückwünscht oder auf die Schulter geklopft. Manchmal schafft er es tatsächlich, zu nicken oder zu lächeln.

»Du könntest mir ruhig ein bisschen zur Hand gehen.« Mama schleppt eine volle Kaffeekanne aus Meißner Porzellan an mir vorbei ins Geburtstagszimmer. »Du siehst doch, wie viel hier zu tun ist. Insgesamt sind wir fast vierzig Leute. Allein schon das ganze Geschirr! Oma und ich wissen jetzt schon nicht mehr, wo uns der Kopf steht.«

»Felix macht auch nichts«, brumme ich. »Typisch. Er hat frei, nur weil er ein Junge ist.«

»Ach, hör doch auf zu spinnen. Felix ist mit seinem Cousin Tobias draußen und spielt Fußball. Es ist doch schön, wenn die beiden sich gleich wieder verstehen nach so langer Zeit. Wenn du dich hier auch ein bisschen um jemanden kümmern würdest, verlangte kein Mensch von dir, dass du groß in der Küche hilfst. Aber du stehst ja nur herum. Da kannst du ruhig mit anfassen.« Sie eilt zum Kaffeetisch, um die Kanne abzustellen.

»Okay.« Ich bemühe mich, nicht zu sehr die Augen zu verdrehen. »Und was soll ich machen?«

»Räum die Spülmaschine aus. Die Teller und Tassen vom Frühstück brauchen wir gleich wieder. Danach kannst du helfen, die Torten anzuschneiden. Wenn die Sahne kleben bleibt, immer das Messer in kaltes Wasser tauchen, sonst wird der Schnitt nicht glatt und die Torten sehen unappetitlich aus.«

Klebende Sahne. Das Messer in kaltes Wasser. Glatter Schnitt, unappetitliche Torten. Mir läuft ein Schauer über den Rücken. »Ich könnte mich auch um Opa kümmern«, schlage ich vor.

Mama schüttelt den Kopf. »Das macht Oma schon. Außerdem hat er heute wahrhaftig genug Leute um sich. Komm, jetzt mach dich ein bisschen nützlich! Sonst wird der Kaffee kalt, ehe wir anfangen können.«

Wenige Minuten später trage ich ein Tablett mit einer großen Schokoladentorte ins Wohnzimmer, wo außer meinem Opa bereits mehrere Gäste an dem großen, zur Tafel ausgezogenen Tisch sitzen und Likör oder Cognac aus kleinen, geschliffenen Gläsern trinken. Die Luft ist schon jetzt verbraucht und brennt mir in den Augen. Zum Glück steht Katja, eine von meinen älteren Kusinen, die schon verheiratet ist, gerade auf und öffnet ein Fenster. Ich stelle meine Torte ab und beeile mich, wieder in die Küche zu gelangen.

»Warte mal, mein Mädchen.« Ein stämmiger Mann mit lauter Stimme und rotem Gesicht kommt auf mich zu. Irgendwie kommt er mir bekannt vor. »Ist das nicht die kleine Sina, die früher immer auf meinem Schoß gesessen hat? Beim Onkel Erich?«

»Ich kann mich nicht daran erinnern.« Instinktiv trete ich einen Schritt zurück und versuche ein Lächeln. »Da muss ich noch ziemlich klein gewesen sein.«

»Warst du auch, meine Süße, warst du auch. Ich hätte dich ja selber kaum wieder erkannt. Das Gesichtchen ist noch dasselbe, aber inzwischen bist du eine richtige Frau geworden.

Nicht wahr?« Er legt seinen schweren, dicken Arm um meine Schultern und dreht mich so, dass alle am Tisch mich jetzt anglotzen. »Ist unser Sinchen nicht eine richtig hübsche junge Frau geworden?«

Die Verwandten nicken, alle lachen und reden durcheinander. Ich winde mich aus Onkel Erichs Arm und haue ab. In der Küche atme ich erst einmal tief durch.

»Ist was mit dir?« Meine Mutter legt gerade ein neues Blatt Tortenspitze auf einen großen Glasteller und löst vorsichtig einen Käsekuchen aus seiner Form, während Oma Sahne schlägt. »Stöhnst du jetzt schon, nachdem du mal fünf Minuten mit angepackt hast?«

»Da drinnen ist die Luft total verräuchert. Ich wäre beinahe erstickt.«

»Nun übertreib mal nicht und zieh nicht so ein Gesicht vor allen Leuten! Das wäre ja noch schöner, wenn du ihnen hier Vorschriften machen wolltest. – Haben wir alles? Dann fangen wir an. Es ist schließlich Opas großer Tag.«

Der Zeiger der großen Pendeluhr an der Wand will und will nicht weiterrücken. Längst sind Kaffeetrinken und Abendessen vorbei und mir tut vom langen Sitzen schon der Hintern weh. Obwohl ich einen langen Rock aus weichem Baumwolljersey anhabe, der nicht so kneift wie meine Spinnenjeans, fühlt sich mein Magen an wie eine Trommel. Zu gern würde ich mal an die frische Luft gehen, aber niemand sonst kommt auf diese glorreiche Idee, und allein kann ich mich schlecht davonmachen.

Ich war sogar schon dreimal auf dem Klo, obwohl ich gar nicht musste, um wenigstens mal ein paar Minuten lang allein sein zu können.

Auch jetzt sinke ich in Omas blitzsauberem und überheiztem Badezimmer auf den geschlossenen Klodeckel und presse meine Fäuste gegen die Augen. Im Kopf dröhnen mir noch immer das Stimmengewirr der vielen Gäste, das Klimpern von Silberbesteck auf teurem Porzellan, das Lachen und Prusten von Felix und Tobias beim Kakaotrinken und Omas angestrengt freundliche, immer etwas schrille Aufforderungen, doch noch mehr zu essen. Manchmal habe ich verstohlen zu Opa geschaut, der den ganzen Tag kaum ein Wort gesprochen und einmal eine Viertelstunde lang seinen Kaffee umgerührt hat, ohne einen Schluck davon zu trinken. Bestimmt freut er sich genau wie ich auf das Ende der Feier.

Draußen höre ich klackernde Schritte und das Geräusch von Tellern, die aufeinander gestapelt werden, dann Stimmen, die rasch näher kommen. Nachdem ich völlig sinnlos die Klospülung gedrückt habe, schaufele ich mir literweise kaltes Wasser ins Gesicht. Na gut, dann gehe ich eben wieder in die Küche und helfe beim Abwasch. Dann meckert wenigstens keiner mit mir herum und die Zeit vergeht schneller. Ich drehe den Riegel der Tür auf und trete hinaus in den Flur. Vor mir steht Onkel Erich und grinst. An seinem Kinn klebt ein Reiskorn und aus dem Mund stinkt er nach Bier und Doppelkorn. Auf dem weißen Hemd entdecke ich Schweißflecken unter den Achseln. Erichs Sohn Mirko, mein neunzehnjähriger Cousin zweiten Grades, kommt hinter ihm her. Ich kann ihn nicht ausstehen, mit seinen fettigen dunklen Haaren und dem schwammigen Körperbau sieht er aus wie eine jüngere Ausgabe seines Alten. Als Kinder haben wir nur selten zusammen gespielt, und ich habe auch keinen blassen Schimmer mehr, was.

»Sieh nur, Mirko, wie prächtig sich unsere Sina entwickelt

hat«, fängt Onkel Erich schon wieder an. Es ist erst neun Uhr abends, aber er lallt schon und beginnt, ein wenig zu schwanken. »Eine tolle Figur hat sie bekommen, die Kleine. Ich habe sie ja schon immer gemocht, aber jetzt hat sie noch dazu eine tolle Figur.«

Er tritt einen Schritt auf mich zu. Mirko hält ihn am Arm fest und will ihn fortziehen, dabei mustert auch er mich von oben bis unten. Habe ich mich bekleckert, oder was? Rasch blicke ich an mir hinunter, ob irgendetwas an mir komisch ist, aber ich finde nichts. Bestimmt liegt es daran, weil ich so dick geworden bin.

»Da hat man als Mann wenigstens was in der Hand.« Ehe ich ausweichen kann, hat Onkel Erich schon seine dicken Finger ausgestreckt und streicht über meinen Busen. Einfach so. Dann lässt er seinen Arm wieder sinken und lacht laut.

In meinen Ohren beginnt es zu summen und mein Kopf fühlt sich an wie aus Watte. Ich spüre den Boden unter meinen Füßen nicht mehr und stehe trotzdem wie angewurzelt da. Aus dem Wohnzimmer dringt das Knallen von Sektkorken durch altmodische Tanzmusik hindurch.

In diesem Moment kommt Mama zurück und läuft mit beschwingten Schritten auf Onkel Erich zu. Lächelnd zieht sie ihren Seidenschal von den Schultern, legt ihn spielerisch um Onkel Erichs Hals und schaut ihm tief in die Augen, während sie sich in den Hüften wiegt. Dann dreht sie ihren Kopf zu mir herum.

Silvesterabend, ich bin vom Feuerwerk wach geworden und durch das Fenster in meinem Zimmer sehe ich die bunten Leuchtraketen am Himmel. Im Schlafanzug tapse ich ins Wohnzimmer, immer der fröhlichen Musik und dem Lachen nach, bis ich meine Eltern gefunden habe, die sich in den Armen halten und barfuß miteinander tanzen. Die Haare meiner Mama sind ganz verwuschelt, als sie Papa loslässt, um sich zu mir herabzubeugen.

»Da ist ja unser kleiner Schatz«, lächelt sie und hebt mich hoch. Ich spüre ihren dicken Bauch, in dem mein Geschwisterchen liegt, das bald auf die Welt kommen soll. Hoffentlich wird es ein Mädchen.

»Gib sie mir. Du darfst jetzt nicht mehr so schwer heben«, sagt mein Papa mit sanfter Stimme. Er hält mich so, dass ich einen Arm um seinen und einen um Mamas Hals legen kann, und dann tanzen wir ganz vorsichtig weiter. Um uns herum bewegen sich auch alle Gäste zur Musik und lachen mit uns. Es ist wie beim Luftballontanz.

Papas und Mamas Luftballon bin ich.

»Komm auch rüber zum Tanzen, los!«, kichert Mama, greift nach meinem Handgelenk und versucht, mich und Onkel Erich zurück ins Wohnzimmer zu ziehen. Die spinnt wohl! Mit einem Ruck mache ich mich von ihr los. Zwei von meinen hunderttausend Tanten bleiben stehen und glotzen uns an.

»Ich denke, ich soll in der Küche helfen«, brause ich auf. »Außerdem tanze ich nicht auf so 'ner Seniorenparty.«

»Nun hab dich nicht so«, ruft Mama hinter mir her. »Hier sind doch auch junge Leute! Oder ist Mirko vielleicht ein Senior?«

Ich puste mir eine Haarsträhne aus der Stirn, als ich in der Küche am Spülbecken stehe und viel zu viel Spülmittel in das einlaufende Wasser spritze. Mit heftigen Bewegungen schmeiße ich das schmutzige Besteck hinein. Dann schiebe ich meine

Hände in den überquellenden Seifenschaum, immer tiefer, ins heiße Wasser, bis zu den Handgelenken tauche ich ein. Meine Hände schmerzen, aber ich ziehe sie nicht zurück, sondern versuche es auszuhalten, bis ich es schließlich sogar genieße, dieses beißende, quälende Gefühl, bei dem meine Haut rot und schrumpelig wird. Nun bin ich wieder da.

Vor der Küchentür stehen noch immer die Tanten, ich höre sie flüstern.

»In der Pubertät verändern sich die Mädchen«, labert die eine, »da müssen die Eltern schon mal Grenzen setzen. Das ist ja nicht Fisch, nicht Fleisch, so eine Fünfzehnjährige.«

»Jaja«, erwidert die andere, »obwohl gerade Sina sich sehr herausgemacht hat. Ihre Figur ist allerdings fast zu fraulich geworden. Ich war in dem Alter grazilier.«

»Ich natürlich auch. Wenn ich daran zurückdenke, was für schmale Fesseln ich zu meiner Tanzschulzeit hatte... Sinas Beine sind recht stämmig, das stimmt. So geht es gerade noch, aber dicker sollte die Kleine nicht werden.«

Ihr werdet euch noch wundern, denke ich und schrubbe wie besessen mit Stahlwolle in einem eingebrannten Milchtopf herum. Von wegen fraulich, noch dicker, was in der Hand haben. Und von wegen ihr wart schlanker. Ich werde eine Diät machen, das schwöre ich euch!

68,8 kg
Morgens: 2 1/2 Scheiben Toast mit Butter,
Quark und Marmelade, 2 Tassen leicht
gesüßter Tee
Vormittags: 1 Apfel, 1 Banane, 2 Kugeln Eis
Mittags: 1 1/2 Teller Hühnerfrikassee mit Reis,
1 Schälchen Obstsalat, 1 Glas Fruchtbuttermilch
Nachmittags: 1 Glas Cola
Abends: 2 Scheiben Brot mit verschiedenem Belag,
2 Tassen leicht gesüßter Pfefferminztee

Am Montagmorgen steige ich nach dem Duschen geradezu erleichtert in meine alte, ausgebeulte Jeans und schlüpfe in ein weites Baumwollsweatshirt. Nichts zwickt mehr oder engt mich ein, selbst nach dem Fressgelage am Wochenende sitzen die alten Sachen noch locker an meinem Körper. Gestern Abend sind wir erst spät nach Hause zurückgekehrt, und obwohl ich noch nicht annähernd ausgeschlafen bin, freue ich mich nach diesem Ätzwochenende direkt auf die Schule. Kampfesmutig zerre ich noch schnell die weiße Hose mit der aufgenähten Spinne aus der Reisetasche und lege sie zur Schmutzwäsche. Wir sehen uns wieder, wenn du passt, geliebtes Stück!

Gleich heute früh werde ich Melli von der Diät erzählen, die ich beginnen will. Da sie selbst superdünn ist, wird sie mich bestimmt unterstützen und darauf achten, dass ich mir nicht noch mal solche Dinger leiste wie neulich die Käsebrötchennummer im Auto. Ich muss durchhalten!

Vielleicht nimmt mich dann auch Fabio endlich mal zur Kenntnis. Schließlich kann es nicht so weitergehen, dass ich seit fast einem Jahr weiche Knie bekomme, wenn ich ihn nur von weitem sehe, und er mich überhaupt nicht beachtet. Es ist so schwachsinnig von den Jungs, immer zuerst nach dem Äußeren zu gehen. Als fette Seekuh darauf zu warten, dass ein Traumtyp wie Fabio Müller sich die Mühe macht, meinen überaus liebenswerten Charakter zu entdecken, darauf kann ich warten, bis ich nicht nur dick, sondern noch dazu alt und grau bin!

Vor dem Spiegel bürste ich meine Haare, bis sie glänzen, und umrahme meine Augen mit einem feinen blauschwarzen Kajalstrich. Wenn ich erst schlank bin, sehe ich bestimmt gar nicht mal so schlecht aus. Immerhin habe ich längere Haare als Melli und auf meine grünen Augen haben mich schon oft Leute angesprochen. Bloß waren das meistens Lehrerinnen und so…

»Ich werde es schaffen«, flüstere ich meinem Spiegelbild zu, ehe ich zum Frühstücken in die Küche gehe.

»Du bist schon fertig?« Mama hält mitten beim Kauen inne und sieht mich verwundert an. »Du hast doch höchstens halb so viel gegessen wie sonst immer.«

Ich stelle meine Teetasse auf den leer gegessenen Frühstücksteller und stehe auf. »Ich bin noch total satt von dem vielen Essen bei Oma und Opa«, antworte ich. »Du etwa nicht? Immer nur im Haus rumsitzen und eine Riesenmahlzeit nach der anderen.«

»Eigentlich hast du Recht.« Mama legt ihr angebissenes

Toastbrot zurück und tupft sich die Lippen mit einer geblümten Papierserviette ab. »So richtig Appetit habe ich auch noch nicht. Ist ja kein Wunder. Wisst ihr was?« Sie trinkt einen Schluck Kaffee und blickt lächelnd zwischen mir und Felix hin und her. »Heute Mittag koche ich uns was ganz Leichtes. Eine Tomatensuppe vielleicht, oder Hühnerfrikassee mit Reis. Das belastet den Magen nicht so. Ich muss da ohnehin ein wenig aufpassen.«

»Von mir aus brauchst du gar nicht zu kochen«, entgegne ich. »Wir werden schon nicht gleich verhungern. Gönn dir doch lieber mal einen freien Tag und geh in die Stadt. Ich mache sowieso ab heute eine Diät.«

»Ich aber nicht.« Felix wischt sich seinen kakaoverschmierten Mund mit dem Ärmel ab. »Ich schlage für heute Pizza vor.«

»Also, gar nicht kochen, das kommt nicht infrage!« Mama schüttelt den Kopf. »*Eine* warme Mahlzeit am Tag braucht der Mensch einfach. Überleg mal, was Papa mir sonst erzählt, wenn er abends nach Hause kommt und kalte Butterbrote essen soll. Und du, Sina«, sie räumt das Geschirr auf ein Tablett und trägt es hinüber zur Spülmaschine, »wirst ja hoffentlich nicht gleich eine Nulldiät anfangen.«

»Deine Idee ist super!« Melli hakt sich in der großen Pause bei mir unter, strahlt mich an und wirft ihre dunklen Locken nach hinten. Dann lässt sie ihre fröhlichen Augen über den Schulhof wandern. »Klar helfe ich dir dabei, wenn du abnehmen willst. Und weißt du was? Ich mache sogar mit.«

»Du?« Ich rücke ein Stück von meiner besten Freundin ab und sehe sie verwundert an. »Wo willst *du* denn noch abnehmen? Deine Traumfigur ist doch Dauerthema in der ganzen Schule.«

»Danke, meine Süße.« Melli drückt meinen Arm. »Aber auch wenn du es nicht glaubst, ich habe zwei Kilo zugenommen, die unbedingt wieder runtermüssen.«

Ich tippe mir an die Stirn. »Zwei Kilo! Die sieht man bei dir doch überhaupt nicht. Ich wiege fast sieben Kilo mehr als vor einem halben Jahr.«

»Trotzdem. In meinem Lieblingsladen im Zentrum hängt ein Wahnsinnsbikini, den ich unbedingt haben will, aber der ist so knapp geschnitten, dass man dafür wirklich megadünn sein muss. Ich hab ihn anprobiert und diese Tanga-Bändchen an den Hüften drückten sich so komisch in mein Fleisch.« Melli zieht eine Grimasse. »Bescheuert sah das aus. Zwei oder drei Kilo nur, das geht schnell. Dann bin ich zufrieden. Ich freue mich wie verrückt auf den Sommer«, seufzt sie und richtet einen schwärmerischen Blick in den wolkenlosen Himmel. »Neue Klamotten, braune Haut, Strandleben und flirten. Mmmh!«

Deine Sorgen möcht ich haben, denke ich. Warum kauft Melli sich nicht einfach einen anderen Bikini, wenn ihr das Tangateil nicht steht? Ich wär schon froh, wenn ich überhaupt einen Bikini tragen könnte und nicht immer nur den langweiligen schwarzen Einteiler, der angeblich schlanker machen soll.

Aber ich will mich nicht weiter ärgern, soll sie diesem Minidings doch hinterherrennen, wenn es sein muss. Ich genieße nach dem grauenhaften Großfamilienwochenende einfach das vertraute Gefühl, dicht neben Melli über den Schulhof zu schlendern. Endlich sitze ich nicht mehr eingepfercht zwischen lärmenden Verwandten, bin weder Ermahnungen noch plumper Anmache ausgesetzt, sondern habe gerade eine glatte Zwei im Englischdiktat zurückbekommen und erzähle Melli von Onkel Erich.

»Das ist ja vielleicht ein Ätztyp«, regt sie sich auf. »Iiih, diese fettigen Krabbelpfoten und die Bierfahne kann ich mir richtig vorstellen. Der wohnt doch hoffentlich nicht in eurer Nähe?«

Ich schüttele den Kopf. »Irgendwo in Buxtehude, oder dort, wo der Pfeffer wächst. Ich will ihn auch nie mehr sehen.« Ich mache eine abwehrende Handbewegung und tue so, als müsse ich kotzen. »Meine Mutter hat den richtig angeschmachtet, als sie ein paar Gläser Sekt intus hatte. Die reinste Geschmacksverirrung!«

»Sie hat *was?*« Melli bleibt stehen und starrt mich fassungslos an. »Hat sie ihm nicht die Meinung gegeigt, als er dich so dämlich betatscht hat? Wenn meine Mum so was mitkriegen würde, ich sag dir, der Kerl würde keine Sonne mehr sehen!«

Ich stammle irgendeine unglaubwürdige Antwort, doch im selben Moment höre ich von hinten lachende und schwatzende Stimmen, die rasch näher kommen. Ich drehe mich um – und beinahe trifft mich der Schlag!

»Wir haben euch schon die ganze Zeit gesucht«, sagt Fabio, der mit Tina und Patrick aus seiner Klasse vor uns steht. »Geht ihr nachher mit Eis essen?«

»Ich habe dich die ganze Zeit gesucht«, sagt er leise und zieht mich an sich, umfängt mich mit seinen Armen, die nach Lederjacke riechen, nach ein wenig Fremdheit, nach »Alles-ist-gut«. Ich schmiege mich an ihn und höre seinen Herzschlag, kräftig und beruhigend.

Seit drei Tagen bin ich mit ihm zusammen, seit wir auf Klassenfahrt sind. Melli hat ein wenig nachgeholfen, sonst wäre es wohl nie etwas geworden. Aber heute hat sich diese Larissa an seine Fersen geheftet und auf ihn eingeredet, Larissa mit der blonden Mähne aus lauter Korkenzieherlocken, hinter der alle Typen her sind. Ganz dringend musste sie Fabio sprechen und hörte überhaupt nicht mehr auf, ihn voll zu labern.

Am Anfang dachte ich noch, na gut, ich will ja nicht klammern, das nervt ihn bestimmt, lass die beiden halt reden. Wir fuhren allesamt mit dem Bus in die Stadt, um irgendwelche Bauwerke zu besichtigen. Hinterher durften wir bummeln gehen. Spätestens da, so hoffte ich, würde Fabio wieder zu mir kommen. Aber weit gefehlt. Larissa textete ihn weiter zu, und jedes Mal wenn ich auf die beiden zuging, um etwas zu Fabio zu sagen, sah er mich mit einem ganz komischen Blick an, schüttelte den Kopf und machte eine Handbewegung, als wollte er mich verscheuchen wie ein lästiges Tier. Also schloss ich mich Melli, Tina und Patrick an, doch meine Laune wurde immer schlechter. So unauffällig wie möglich beobachtete ich Larissa und Fabio, doch dann waren sie auf einmal weg und Melli zog mich in einen Souvenirladen hinein.

Sie kriegten sich alle gar nicht mehr ein vor Begeisterung über all den Kitsch, den es da zu kaufen gab, Plüschohrringe und Handytaschen aus Kuhfell-Imitat, aber ich wollte hier weg.

Seitdem laufe ich allein durch die Straßen dieser fremden Stadt, in der ich mich nicht auskenne. Zum Bummeln habe ich keine Lust mehr.

Jetzt im Dunkeln taucht vor meinen Augen immer wieder das Bild von Fabio und Larissa auf, miteinander ins Gespräch vertieft und vielleicht noch mehr. Ich gehe in die Kirche, ich mag die Stille dort und die bunten Fenster so gern.

Die große Tür ist schwer und knarrt beim Öffnen. Leise trete ich ein, falls jemand zur Andacht hier ist, will ich nicht stören. Tatsächlich, einer ist da, ein großer Typ mit dunklem Haar und

Lederjacke. Als er meine Schritte hört, dreht er sich um und kommt mit eiligen Schritten auf mich zu.

»Ich habe dich die ganze Zeit gesucht«, sagt Fabio leise und zieht mich an sich.

Oje, Eis essen! Ausgerechnet an meinem ersten Diättag, das fängt ja gut an. Dann jedoch blicke ich in Fabios große braune Augen, die unter seinem dichten dunklen Haar hervorschauen.

Fabio... Als wir zu Beginn des neuen Schuljahres den neuen Klassenraum bekommen haben, genau neben seinem, war er mir gleich aufgefallen. Ein paar andere Jungen aus seiner Klasse alberten laut vor unserer Tür herum. Es war schnell klar, dass sie nur glotzen wollten, was für Mädchen da in ihre Nachbarschaft gezogen waren. Fabio hingegen stand nur da. Er schaute auch, aber er krakeelte nicht herum wie im Kindergarten. Als sich ganz kurz unsere Blicke trafen, nickte er mir beinahe unmerklich zu. Dann drehte er sich um und verschwand. Seitdem bin ich total verliebt, aber ich hab eh keine Chance. Ein Junge wie er kann ganz andere Mädchen haben als mich, so gut wie er aussieht mit seinem lässig in die Stirn fallenden Haar, dem durchtrainierten Körper und der angenehmen, tiefen Stimme. Er spielt Bassgitarre in der Schulband und in seiner Freizeit trainiert er für Radrennen. Manche Mädchen lachen über Fabio, weil er eine Brille trägt, aber ich finde seine Angewohnheit, sie alle zwei Minuten mit dem Mittelfinger hochzuschieben, einfach süß.

»Sina, was ist mit dir?« Melli stubst mich sachte von der Seite an. »Du kommst doch auch mit, oder? Abnehmen können wir beide auch noch, wenn es regnet.«

»Du willst abnehmen, Melli?« Tina mustert Melli genauso verwundert, wie ich es vorhin getan habe. »Mach keine Witze! Also, Leute, wir sehn uns nach der sechsten Stunde beim Italiener. Alles klar?«

Zu mir hat sie nicht gesagt, dass Abnehmen ein Witz ist, denke ich in das schrille Klingeln zum Pausenende hinein. Jetzt weiß ich auch, warum Fabio so geschaut hat.

»Nach dem Matheterror wird das der einzige Lichtblick des Tages«, ruft Melli mir zu, als wir weitergehen. Dann werden wir getrennt, weil Kevin und Dennis, die beiden Oberidioten aus unserer Klasse, unbedingt mit einer zertretenen Colabüchse zwischen uns Fußball spielen müssen.

Am späten Nachmittag sitze ich an meinem Schreibtisch und grinse zufrieden vor mich hin. Das Treffen mit den anderen im Eiscafé war lustig. Einmal habe ich auf eine kleine Stichelei von Patrick über meine Figur so schlagfertig geantwortet, dass ich alle Lacher auf meiner Seite hatte. Und was das Beste war: Ich habe es geschafft, nicht wie Melli oder Tina vier Kugeln mit Schlagsahne zu vertilgen, sondern habe mir stattdessen nur je eine Kugel Kirsch- und Vanilleeis gekauft. Wenn ich es weiter so angehe wie heute, wird meine Diät gar nicht so schlimm.

Jetzt sitze ich über den Hausaufgaben. Mathe und Englisch habe ich schon erledigt und die Lateinvokabeln will ich ganz zum Schluss lernen. Bleibt also noch Erdkunde, was nicht gerade mein Lieblingsfach ist. Seufzend schlage ich das Erdkundebuch auf: Seite 89, chinesische Reisbauern. Ich beuge mich über das Foto eines kleinen, dünnen Mannes mit einem breiten, kegelförmigen Hut auf dem Kopf, der in Gummistiefeln knietief in einem bewässerten Feld steht, um zu ernten.

Eben beim Mittagessen gab es auch Reis zum Hühnerfrikassee, wie Mama angekündigt hat. Natürlich schob Felix sich nach zwei Tellern noch demonstrativ eine Tiefkühlpizza in den Ofen, während Mama jammerte, es sei aber auch nie möglich, dass einmal alle zufrieden seien. Nur wegen Felix war am Tisch wieder eine derart vergiftete Stimmung, dass mir fast jeder Bissen im Halse stecken blieb, dabei ist Frikassee eines meiner Lieblingsgerichte. Einen Teller habe ich geschafft, aber im Grunde genügt das ja auch, zumindest während einer Diät.

Ich schraube meinen Füller auf, lege ein liniertes Blatt zurecht und schreibe das Datum in die rechte obere Ecke.

Gibt es überhaupt *dicke* Chinesen? Wie viele Kalorien hat Reis eigentlich?

Kalorien. So richtig kenne ich mich damit gar nicht aus. Eine Pizza hat bestimmt viele und Gurkensalat wenige. Ein Stück Sahnetorte fällt sicher mehr ins Gewicht als ein Knäckebrot. Aber stimmt das auch? Wie viele Kalorien darf man pro Tag zu sich nehmen, wenn man eine Schlankheitskur macht?

Die Beschreibung des Arbeitsalltags der Reisbauern muss noch warten. Irgendwo liegt noch die Modezeitschrift vom April herum, aus der ich dieses Schnittmuster für ein Sommertop aufheben wollte. Da waren bestimmt auch Diättipps drin, vielleicht sogar eine Kalorientabelle. Ruckartig stehe ich auf und öffne die unterste Schublade meines Nachttisches, wo meine Zeitschriften ordentlich gestapelt aufeinander liegen.

»Knackig braun schon vor den ersten Sonnenstrahlen«, lese ich, »44 Frisuren für jeden Typ« und »Ihr Traummann – so kriegen sie ihn«. Um diese Fragen werde ich mich auch noch kümmern, wenn ich erst die Figur dazu habe. Aber wo sind die Tricks zum Schlankwerden? Endlich finde ich, was ich suche. Auf der Titelseite des zweituntersten Heftes strahlt mir eine gertenschlanke junge Frau entgegen, die braun gebrannt im leuchtend weißen Bikini scheinbar schwerelos einen menschenleeren Strand vor tiefblauem Himmel entlanghüpft. »In 21 Tagen zur Traumfigur«, steht da. »*Nur 800 Kalorien täglich – ohne zu hungern.*«

Hektisch fahre ich mit dem Zeigefinger über das Inhaltsverzeichnis. Tatsächlich, auf Seite 86 gibt es eine Kalorientabelle. Gerade beuge ich mich neugierig darüber, als meine Mutter plötzlich die Zimmertür öffnet. Rasch schiebe ich die aufgeschlagene Zeitschrift unter mein Erdkundebuch und greife nach meinem Füller.

»Was machst du denn da?« Mama tritt hinter meinen Stuhl, sodass ihr Schatten über das leere Blatt fällt, auf dem ich mich eigentlich über die Arbeit chinesischer Reisbauern auslassen soll. »Du hast ja noch gar nichts geschrieben. Versteckst du da irgendwas?«

»Ach, das.« Ich glaube, ich werde rot, als ich den Schreibblock kurz anhebe, um ihr den Blick auf die Zeitschrift freizugeben. »Ich dachte nur, da wäre auch was über China drin, dann hätte ich den Artikel mit zur Schule genommen. War aber ein Irrtum.«

»Schade. Wenn du zusätzliches Anschauungsmaterial zeigen kannst, bringt das natürlich immer Pluspunkte für die Zensuren. Soll Papa mal in seinem Zeitungsstapel forschen?«

»Nee, lass mal«, erwidere ich gedehnt. »Das dauert mir jetzt zu lange, ich habe noch mehr auf als nur Erdkunde.«

»Dann komm erst mal Abendbrot essen. Es steht alles auf dem Tisch. Hungrig lernt es sich nicht gut.«

Ich zögere. Wie viele Kalorien hat ein belegtes Brot?

»Ich komme gleich.« Als sie wieder draußen ist, versuche ich fieberhaft, mir wenigstens ein paar der vielen Kalorienangaben einzuprägen, damit ich am Tisch nicht gleich in eine Falle tappe. Na, dann auf in den Kampf!

65 kg
Morgens: 2 Scheiben Knäckebrot mit Hüttenkäse,
1 Fruchtjogurt Erdbeer-Vanille,
2 Tassen leicht gesüßten Tee
Vormittags: 1 Banane
Mittags: 1 Teller Spagetti Bolognese,
1 Schälchen grüner Salat mit Essig-Öl-Dressing,
1 Glas Sprite
Nachmittags: 1 Bounty, mini
Abends: nichts

Schon über dreieinhalb Kilo weniger!

Glücklich steige ich von der Waage im Badezimmer und schaue an meinem nackten Körper hinunter. Ich bin mir nicht sicher, ob man es schon sieht, aber wenn es da steht, in leuchtend roten, digitalen Zahlen auf schwarzem Grund, wird es zumindest annähernd stimmen. Ist mein Bauch nicht tatsächlich ein klein wenig flacher, sind meine Oberschenkel nicht mehr ganz so schwammig? Oder bilde ich es mir nur ein?

Hastig stelle ich mich unter die Dusche, seife mich ab und gönne meinen Haaren nach dem Schamponieren noch eine Extraportion Pflege. Dann trockne ich mich ab, schlüpfe in meinen Bademantel und renne in mein Zimmer. Vielleicht passt die Spinnenjeans schon wieder! Melli wird Augen machen!

»Was ist denn mit dir passiert, Sina?«, fragt sie mich zwei

Stunden später, als ich neben ihr in den Umkleideraum der Turnhalle gehe. »Du strahlst ja übers ganze Gesicht und wie deine Augen leuchten! Hast du dich verknallt?«

Ich spüre heißes Blut in mein Gesicht steigen. Weiß Melli von meinen Gefühlen für Fabio? Etwas zu heftig schüttele ich den Kopf. »Fällt dir nichts an mir auf?«

Melli bleibt stehen und sieht an mir herunter und wieder herauf, bis sie plötzlich anfängt zu lachen. »Du hast die Spinnenhose an«, jubelt sie und umarmt mich. »Das muss gefeiert werden! Ich will mir heute den Superbikini kaufen gehen und für dich suchen wir auch was aus. Irgendein abgefahrenes Top, okay?«

Während ich nicke, krame ich im Rucksack nach meinem Trainingszeug und stelle fest, dass ich auch mal wieder neue Sportsachen gebrauchen könnte. Seit ein paar Wochen haben wir häufiger draußen Sport, und wenn Fabio mich in dem Aufzug sieht, steige ich bestimmt nicht gerade in seinem Ansehen. Aber für die Schule gibt Mama mir bestimmt etwas Kohle.

Erleichtert atme ich auf, weil wir heute in der Turnhalle bleiben. Ich träume von einem spannenden Volleyballmatch, bei dem ich die atemberaubendsten Schmetterbälle schlage und es sich hinterher in Windeseile im ganzen Haus herumspricht, dass meine Mannschaft durch mich gewonnen hat. Aber daraus wird nichts, weil ich plötzlich die Ledertrageschlaufe einer dicken blauen Turnmatte in der Hand halte und gemeinsam mit Melli versuche, das schwere Ding so unter dem Stufenbarren zu platzieren, dass sich selbst die ungeschickteste Turnerin beim Herunterplumpsen nicht stoßen kann. Die ungeschickteste Turnerin – das bin meistens ich. Ich hasse Stufenbarren!

»Aufschwung aus dem Stand mit Rückwärtsrolle über den oberen Balken!«, befiehlt Frau Herrmann in dem üblichen Feldwebelton, den ich so an ihr liebe. »Dann auf dem unteren Balken zum Sitzen kommen, noch einmal Schwung holen und federnd abspringen, um auf der Matte zum Stehen zu kommen. Zensurenturnen!«

Meine Klassenkameradinnen und ich stellen uns in einer Reihe auf. Wie immer ist Melli eine der ersten, die turnt, während ich das Ende der Warteschlange bilde, denn bei den Letzten in der Reihe schauen die anderen nicht mehr so genau hin. Den Aufschwung auf den oberen Balken habe ich in meinem ganzen Leben noch nie geschafft. Meistens müssen sich die Mädchen, die wegen ihrer Periode oder anderen schlimmen Krankheiten nicht mitturnen, links und rechts vom Stufenbarren aufstellen und mir Hilfestellung geben. Das sieht dann meist so aus, dass ich nach dem Schwungholen mit den Füßen etwa zehn Zentimeter über dem Boden hänge und die Helferinnen jeweils eine meiner fetten Keulen greifen, um sie mitsamt meinem Hintern über die Stange zu wuchten, während Frau Herrmann daneben steht und mit ihrer Krächzstimme »Sina, nicht immer wie ein Mehlsack!« ruft. Hinterher falle ich rot und verschwitzt auf die Matte und weiß genau, dass mich nachher beim Volleyball wieder niemand in seine Mannschaft wählen wird. Grauenvoll.

Aber heute kann ich fliegen! Als ich endlich an der Reihe bin, nehme ich Anlauf und schwinge meinen dreieinhalb Kilo leichteren Körper in die Lüfte. Noch ehe Mara und Therese mir Hilfestellung geben, bin ich schon um die Stange herum. Zwar lande ich mit ziemlichem Karacho auf dem unteren Balken und taumele ein wenig, als ich schließlich wieder auf der Matte stehe, doch Frau Herrmann sieht mich mit großen

Augen an und macht sich eine Notiz in ihren Emanzen-Lehrerinnenkalender. »Das war eine glatte Zwei, Sina«, bringt sie kopfschüttelnd hervor. »Erstaunlich.«

Ich hab's ja gesagt: Ich kann fliegen!

»Das Shirt steht dir total super.« Melli hält mich auf Armeslänge von sich entfernt und mustert mich von oben bis unten. »Wie dieses Olivgrün zu deinen Augen passt, einfach Wahnsinn!«

Das finde ich auch. Heute scheint mein Glückstag zu sein. Ich drehe und wende mich vor dem großen Spiegel und erkenne mich selbst fast nicht mehr wieder. Ich bin zwar noch weit entfernt davon, so schön dünn zu sein wie Melli, die gerade eine Jeans in Größe 27 anprobiert und zufrieden auf ihren kleinen festen Hintern und ihre langen Beine schaut. Davon kann ich nur träumen, ich bin froh, wenn mir Größe 29 passt (die Spinnenhose ist eine groß ausfallende 28). Aber dieses Shirt rückt alle meine Proportionen an die richtige Stelle mit seinem tiefen, in Satin eingefassten Halsausschnitt, der mein Gesicht schmaler wirken lässt. Die Farbe wiederholt tatsächlich die meiner Augen, und als ich mit den Händen die Seitennähte entlangstreiche, spüre ich meine Taille.

»Du hast echt abgenommen, Sina.« Melli sieht mich abermals an und nickt mir beinahe bewundernd zu. »Wie viel war es, dreieinhalb Kilo, sagst du? Das sieht man schon. Wirklich. Bald hast du eine richtig tolle Figur, pass auf!«

Wir gehen zur Kasse und bezahlen und bitten die Verkäuferin, die Etiketten unserer neu erworbenen Sachen abzuschneiden. Melli will ihre Jeans gleich anbehalten und ich mein Shirt auch. Unsere alten Klamotten stopfen wir in eine Plastiktüte und treten endlich Arm in Arm ins Freie. Dann stöbere ich noch echt schicke Sportsachen auf. In den Klamotten wird Sport glatt noch zu meinem Lieblingsfach, denke ich und lache leise in mich hinein, während ich darauf warte, dass Melli sich zwischen den tausend verschiedenen Sneakers entscheiden kann. Ihren heiß begehrten Tangabikini hat sie auch schon in der Tasche.

»Was hältst du eigentlich davon, dich mal zu schminken?«, fragt sie mich etwas später, als wir im Schaufenster einer kleinen, aber edlen Parfümerie eine ganze Palette von Lippenstiften bewundern. »Damit kann man total gut seinen Typ unterstreichen. Ich habe ein bisschen Kosmetik dabei und im Klo von dem Café dort drüben hat man sogar halbwegs seine Ruhe. Komm mit, ich zeig dir ein paar Tricks!«

Eine Viertelstunde später schlendern wir genau die Straße entlang, wo Fabio wohnt. Hier ist es ruhig, nur ein paar kleine verstaubte Einzelhandelsgeschäfte kämpfen noch mühsam gegen die Konkurrenz der Warenhäuser an, aber kaum jemand verirrt sich jemals ernsthaft hierher. Ich weiß genau, in welchem Haus Fabio wohnt, denn im Erdgeschoss betreibt sein Vater einen Fahrradladen. Natürlich habe ich Melli absichtlich hierher geschleift, in der Hoffnung, ihn vielleicht zu treffen, und während ich verstohlen nach ihm Ausschau halte, klopft mein Herz, als stünde ich vor meiner ersten Verabredung. Wenn er jetzt hier aufkreuzt und mich sieht!

Melli hat eine wahre Meisterleistung vollbracht mit ihren Schminktipps. Meine Augen sind von einem ganz feinen schwarzen Kajalstrich umrahmt, die Wimpern getuscht und auf meinen Oberlidern hat Melli einen Hauch von silbernem und braunem Lidschatten verteilt. Außerdem schmecke ich ein klein wenig Erdbeeraroma auf meinen Lippen, die jetzt, getönt mit zartem Gloss, perlmuttartig rosa schimmern. Melli sieht zwar immer noch zwanzigmal besser aus als ich, weil man einfach sieht, dass sie praktisch schon mit einem solchen Look auf die Welt gekommen ist, während ich mir eher verkleidet vorkomme. Aber sie hat gesagt, es passt zu mir, und als wir uns jetzt lachend in der Eingangstür des Fahrradladens spiegeln, kann ich nur feststellen, dass sie ins Schwarze getroffen hat; das neue, figurbetonte Shirt und dazu dieses coole Make-up... Vielleicht versuche ich, das auch für die Schule hinzubekommen.

In diesem Moment geht die Ladentür auf, aber es ist nicht Fabio, der vor uns steht, sondern ausgerechnet meine Mutter und hinter ihr Felix mit einer neuen chromglänzenden Fahrradklingel in der Hand. Beide starren mich an, als wäre ich eine Erscheinung aus dem Weltall, jemand Fremdes, ein Alien.

»Sag mir, welches der Mädchen ist deine Tochter?«

Von der Bühne in unserer Schule aus sehe ich, wie Mamas Arbeitskollegin sich zu ihr hinüberbeugt und diese Frage flüsternd an sie richtet. Ich stehe in meinem Engelskostüm zwischen den anderen Chorkindern und versuche, ihnen zuzuwinken, ohne dass es die anderen stört.

»Du erkennst sie nicht?«, flüstert Mama zurück. Ich kann alles von ihren Lippen ablesen. »Es ist doch ganz leicht. Du musst nur nach dem niedlichsten Mädchen Ausschau halten.« Die Kollegin mustert uns erneut. Gerade als wir anfangen zu singen, hat sie mich gefunden, und ich erkenne, dass sie meiner Mama zuflüstert, dass wir uns ähnlich sehen. Ich lächle ihr noch einmal zu, während die ersten Töne unseres Weihnachtskonzerts beginnen. Papa und Felix sind auch da.

Schon ist die ganze Aula von Musik erfüllt, wir singen vom

Frieden in der Welt, von Maria und Josef und davon, dass ein Kind zum König wurde. Neben der Bühne steht ein Tannenbaum und der Schein der Lichterkette daran lässt unsere weißen Kleider glänzen. Aus Goldfolie haben wir uns Flügel gebastelt und an unsere Rücken geheftet. Meine Haare sind frisch gewaschen und gebürstet. Ich fand mich noch nie so schön wie heute.

Jetzt kommt ein Lied, das ganz viele Strophen hat. Jedes Kind darf eine davon ganz allein singen. Dazu treten wir jeweils einen Schritt nach vorn und ein Scheinwerfer leuchtet uns an. Als ich an der Reihe bin, kommt es mir vor, als ob es ganz still im Saal wird. Ich kenne meine Strophe auswendig. Genau im richtigen Moment setze ich ein und treffe auch gleich den richtigen Ton. Meine Stimme klingt ganz hell, vielleicht ein bisschen zu leise, aber ich komme bis zum Schluss durch. Nur einmal habe ich etwas zu schnell gesungen. Nach meinem letzten Ton stelle ich mich wieder zu den anderen und bin ganz leicht und warm in mir drin. In Mamas Auge glitzert eine Träne, aber sie lächelt, während sie sie fortwischt.

»Mein wunderbares, schönes Kind«, sagt sie, als sie mich nach dem Konzert hinter der Bühne abholt. »Du warst einfach toll!«

»Sie ist wirklich die Niedlichste von allen«, sagt ihre Kollegin. »Und so begabt. Du kannst stolz auf sie sein.«

Mama hilft mir in den Mantel wie einer Prinzessin, setzt mir meine Mütze auf und wickelt mir sorgfältig den Schal um den Hals.

Hand in Hand gehen wir nach Hause.

»Wie siehst *du* denn aus?« Mein Bruder zieht die Nase kraus und tippt sich mit dem Zeigefinger an die Stirn. »Bist du in einen Tuschkasten gefallen?«

»Idiot.« Ich werfe ihm einen wütenden Blick zu und will Melli weiterziehen. »Halt's Maul und kümmer dich um deinen eigenen Mist.«

»Na, so ja nun nicht, mein Fräulein!« Mama kommt einen Schritt auf mich zu. »Solche Worte fallen in unserer Familie nicht, hörst du? Schon gar nicht auf offener Straße. Was soll denn deine Freundin denken oder wenn sonst noch jemand zuhört?

»Ach, aber Felix. Der darf sagen, was er will.«

»Darüber sprechen wir zu Hause. So ganz unrecht hat er ja nicht, wenn du mich fragst. Das ist ja ganz was Neues, so ein sexy Aufzug hier.«

»Ja, Sina sieht toll aus, nicht wahr?« Melli blickt strahlend zwischen meiner Mutter und mir hin und her, ganz unschuldig, als ob Mama mir gerade ein Kompliment gemacht hätte und keinen Vorwurf. »Ich finde es total klasse, wie sie mit ihrer Diät vorankommt und wie gut ihr auf einmal solche figurbetonten Sachen stehen. Sina kann viel mehr aus ihrem Typ machen, wenn sie will.«

Aus dem Augenwinkel blicke ich in Mamas Gesicht. Sie hat die Lippen zusammengepresst und ihren Arm um Felix gelegt, als müsse sie ihn vor Melli und mir beschützen.

»Du kannst gleich mitkommen«, sagt sie, »es ist spät genug. Du siehst nicht so aus, als ob du schon deine Hausaufgaben gemacht hättest.«

Meine ganze Freude ist verpufft. Ich nuschele Melli einen Abschiedsgruß zu, den sie bestimmt kaum versteht, dann trotte ich hinter Mama und Felix her.

»Ein Mädchen sollte sich nicht so offensichtlich anbieten«, sagt Mama später zu mir, als wir einen kurzen Augenblick allein in meinem Zimmer sind. »So etwas kann schnell billig wirken. Als ob du die Männer anmachen willst.« Etwas unbeholfen nimmt sie mich in den Arm. »Ich habe doch Angst um mein Mädchen. Bei den Männern weiß man nie.«

»Ich habe mich weder für ›die Männer‹ schick gemacht noch habe ich mich angeboten. Es war einfach so, für mich. Und für Melli.«

»Was du so unter schick verstehst... Aber nun zieh nicht so einen Flunsch, sondern komm erst mal Abendbrot essen. Morgen sieht die Welt schon wieder anders aus.«

»Ich möchte nichts.« Etwas zu heftig schüttele ich den Kopf. »Melli und ich waren Hamburger essen, kurz bevor wir euch getroffen haben.«

»Ein halbes Brot wirst du wohl noch schaffen. Wir wollen doch alle zusammen am Tisch sitzen. Papa ist auch gerade gekommen.«

»Nein, wirklich nicht.« Ich beuge mich über meine Schultasche, damit Mama mir nicht ansieht, dass ich gelogen habe. »Ich will noch mal die Lateinvokabeln für morgen lesen.«

Zwei Stunden später liege ich in meinem Bett. Um mich herum ist es dunkel und still, meine Augenlider fühlen sich schwer an. Die Schminke habe ich abgewischt und mein neues Shirt liegt zusammengefaltet im Schrank. Ich rolle mich auf den Bauch und versuche einzuschlafen, aber irgendetwas stört, ich weiß nur nicht, was. Vielleicht ist es zu warm im Zimmer, immerhin hatten wir heute 24 Grad, und mein Fenster liegt auf der Südseite. Ich stehe auf und öffne es, so weit es geht, lehne mich hinaus und atme die laue Abendluft ein, bis ich plötzlich ein Geräusch höre. Gleichzeitig spüre ich ein seltsames Nagen in meinem Bauch, und mit einem Mal weiß ich, was mir den Schlaf raubt: Hunger. Knurrender, nörgelnder, ungeduldiger Hunger. Aber ich werde nicht aufstehen und an den Kühlschrank schleichen. Wenn ich so spät abends noch esse, wiege ich morgen gleich wieder ein Pfund mehr. Heute Nachmittag mit Melli habe ich mich so leicht gefühlt, das versaue ich mir doch nicht gleich wieder. Nur wegen ein bisschen Magenknurren. Mein Körper zehrt jetzt von seinem eigenen Fett, denke ich, als ich mich wieder hinlege. Mit einem Lächeln schlafe ich ein.

61,3 kg
Morgens: 2 Scheiben Toast,
etwas Butter und Käse,
1 Tasse Tee mit Süßstoff
Vormittags: 1 Mohrrübe,
1 Dose Cola, kalorienreduziert
Mittags: 1 Teller Kartoffelsuppe,
1 Glas Buttermilch
Nachmittags: 2 Scheiben Knäckebrot ohne Butter,
etwas Honig, 1 Glas Buttermilch
Abends: nichts

Als ich wenige Wochen später morgens aufwache, ist das nagende Hungergefühl weg, das sich Abend für Abend eingestellt hatte. Ich habe gewonnen! Mein Bauch fühlt sich noch etwas flacher und straffer an und ich wiege ganze vier Kilo weniger. Das ist so viel wie riesige Holzfällersteaks mit Fettrand. Als ich mich an den Frühstückstisch setze, schwebe ich beinahe. In meinem Kopf summt die ganze Zeit irgend so ein tolles Lied, das Melli und ich gestern gehört haben. Mama sieht mir lächelnd zu, wie ich mir zwei Scheiben Toast mit Butter bestreiche. Inzwischen weiß ich, dass das Frühstück mir nicht viel anhaben kann, denn: morgens wie ein König, mittags wie ein Kaiser, abends wie ein Bettelmann. So soll man sich ernähren. Wenn Mama mich morgens etwas essen sieht, ist sie erst mal beruhigt und stresst nicht herum.

Auf dem Tisch steht die Käseplatte, ich suche mir die Sorte heraus, die am wenigsten fett aussieht, und nehme davon die dünnste Scheibe, um sie auf meinen Toast zu legen.

»Heute werden es 30 Grad«, sagt Felix mit vollem Mund. Einen Augenblick lang ertappe ich mich dabei, dass ich auf seinen Toast starre, den er in seiner fleischigen Hand hält. Darauf liegt natürlich kein Magerkäse, sondern die Butter zerläuft und lässt das warme Brot duften, während auch die dick geschmierte Nuss-Nugat-Kreme immer flüssiger wird, bis sie glänzt und ebenfalls langsam in die Brotscheibe sickert. Ich liebe solche heißen Nugat-Toasts!

»Super!«, sage ich und schaue schnell wieder weg. Wenn ich bei 60 Kilogramm angekommen bin, werde ich mir auch mal wieder so was gönnen wie Felix. *Dem* ist seine Figur ja egal.

»Darf ich am Nachmittag mit Melli ins Freibad, Mama?«

So voll wie heute war es in unserem Lieblingsfreibad lange nicht mehr, aber es ist auch der erste richtig heiße Tag im Jahr. Fast zwanzig Minuten müssen Melli und ich an der Kasse warten, ehe wir hineinkönnen. In der Zeit bin ich fast weggeflossen. Jetzt liege ich neben ihr in der Sonne und ärgere mich ein wenig, dass ich mir neulich beim Shoppen nicht auch irgendein abgefahrenes Badeteil gekauft habe. Melli räkelt sich auf ihrem Handtuch. So toll wie sie werde ich wohl nie aussehen. Ihre Haut ist jetzt schon leicht gebräunt, am ersten Badetag. Als sie sich auf die Seite rollt, sehe ich genau auf ihre langen, schlanken, leicht angewinkelten Beine, die schmalen Füße mit den lackierten Zehennägeln, die hervorstehenden Kniescheiben. Meine Kniescheiben sieht man überhaupt nicht und gegen Melli sehe ich immer noch knubbelig und weiß aus. Ich lege mich auf den Bauch und blättere in einer Zeitschrift.

»Guck mal, die beiden Typen da drüben.« Melli deutet mit dem Finger hinüber zum Sprungturm, wo gerade der Zehner aufgemacht wird. »Sehen die nicht süß aus? Der Blonde hat eben genau zu dir hingeschaut. Dreh dich doch mal um, damit du ihn springen siehst.«

Ich drehe mich auf den Rücken und setze mich auf, aber nur halb.

»So siehst du doch gar nichts«, mosert Melli auch gleich los. »Ein bisschen mehr musst du dich schon aufrichten.«

»Im Sitzen sieht man meine Speckrollen in der Taille so.«

»Hör schon auf! Du siehst top aus und das weißt du auch.«

Na gut. Ich rapple mich hoch, erkenne aber nicht sofort, von welchem Jungen Melli redet, und ertappe mich dabei, dass ich nur wieder nach Fabio Ausschau halte. Dabei weiß ich gar nicht, ob er heute auch schwimmen gehen wollte.

»Die beiden, die jetzt die Leiter hochklettern, den mit den blonden Wuschelhaaren und den roten Shorts und den durchtrainierten Dunkelhaarigen. Die meine ich.«

Ich blinzele gegen die Sonne. Schlecht sehen die zwei wirklich nicht aus, wenn sie für mich auch niemals an Fabio herankommen. Ich grinse Melli an, die ihre Augen gar nicht mehr von dem Dunkelhaarigen lassen kann.

»Komm mit«, sagt sie, steht auf und zieht mich hoch, »setzen wir uns an den Beckenrand und schauen zu. Vielleicht bemerken sie uns.«

Die Umrandung des Sprungbeckens ist voll von Zuschauern, wie immer wenn das Zehn-Meter-Brett geöffnet ist. Die meisten sind Mädchen in unserem Alter, die von hier unten aufschauen zu all den coolen Typen, die uns gleich ihre akrobatischen Künste vorführen werden.

Wir setzen uns dicht neben die Treppe, da ist noch am meisten Platz. Verstohlen blicke ich mich um, ob ich von allen die Dickste bin, aber ich glaube nicht. Nur, die Dünnste bin ich leider auch nicht!

Dann springt Mellis Schwarm, der italienisch aussehende Muskelprotz mit der knappen schwarzen Badehose. Er nimmt Anlauf und wagt tatsächlich einen Kopfsprung. Das Wasser spritzt kaum auf, als er eintaucht. Danach ist der Blonde dran. Als auch er wieder an die Wasseroberfläche kommt, klatschen alle Zuschauer für die zwei Helden, die ihre nassen Haare aus dem Gesicht schütteln und stolz in alle Richtungen blicken. Dann schwimmen sie auf die Treppe zu und schauen Melli und mir genau ins Gesicht. Oben auf dem Zehner steht jetzt ein Kind.

»Mia bella bionda«, ruft Mellis Traumtyp mir zu, während er aus dem Wasser steigt. Der hält sich wohl für den absoluten King! Statt zu antworten, schaue ich schnell zu Melli hin und tue so, als würde ich denken, er meint sie. Ich will ihr ihren Schwarm auch gar nicht wegnehmen.

»Hey, das sah ja richtig gut aus bei euch beiden«, flirtet sie den Typen auch gleich an. »Seid ihr öfter hier?«

»Kommt drauf an, wie oft *ihr* hier seid.« Der Typ legt seinen Arm um Mellis Taille und pustet ihr eine ihrer dunklen Locken aus der Stirn, als würde er sie schon ewig kennen. »So hübsche Mädels trifft man nicht alle Tage.«

Mir ist das alles zu viel. Der Blonde starrt mich jetzt erwartungsvoll an, als stünde ich automatisch ihm zu, nur weil sein Kumpel gerade meine Freundin angräbt.

»Die Saison fängt ja erst an«, beruhigt Melli die beiden, »da sieht man sich bestimmt öfters. Wollt ihr nicht mit euren Sachen zu uns kommen? Wir liegen dort drüben.« Sie zwinkert mir zu und deutet mit der Hand zu der dicken Eiche, unter der unsere Handtücher liegen. Die Jungs willigen ein und verschwinden.

»Ich wollte eigentlich schwimmen«, sage ich leise zu Melli, als sie außer Hörweite sind. »Mir ist total heiß. Wenn ich mich jetzt nicht abkühle, klappe ich zusammen wie ein Schweizer Messer.«

»Dann geh nur«, lacht sie. »Wenn die Jungs wieder da sind, wird es bestimmt noch heißer.«

Ich stelle mich unter die kalte Dusche, bis ich eine Gänsehaut habe. Dann springe ich vom Startblock ins Schwimmerbecken und ziehe mit langen, kräftigen Stößen meine Bahnen. Irgendwo habe ich gelesen, dass eine halbe Stunde Schwimmen 300 Kalorien verbraucht.

»Du warst ja eine Ewigkeit weg.« Melli lässt sich gerade von ihrem Typen den Rücken einkremen, als ich aus dem Wasser komme. Ihre dunklen Locken, die sie sich aus dem Nacken gestrichen hat, haben im Sonnenschein einen leichten Rotschimmer. »Tommy ist schon gegangen.«

»Tommy?« Ich schaue heimlich an meinem Körper hinunter, um zu sehen, ob ich von der Dreiviertelstunde Schwimmen schon schlanker geworden bin. Aber das ist natürlich Quatsch. »Welcher Tommy?«

»Mein Kumpel«, antwortet Mellis neuer Verehrer. »Der große Blonde mit den sanften blauen Augen. Sag bloß, du hast ihn schon vergessen.«

»Ich wusste ja nicht, dass er so früh abhaut. Es war so toll im Wasser, dass ich gar nicht mehr aufhören konnte zu schwimmen. Warum seid ihr nicht nachgekommen?«

Melli sieht zuerst mich, dann ihren Typen mit einem verschmitzten Grinsen an. »Als ob Sport das Wichtigste am Schwimmengehen wäre!«

»Für mich ist es das. Ich will endlich ein bisschen mehr Kondition bekommen.«

»Ich versteh nur Bahnhof«, schaltet sich der Typ ein.

»Sina will abnehmen«, erklärt Melli und verdreht die Augen. Ich habe wahnsinnigen Kohldampf.

»Es kann doch nicht wahr sein, dass du schon wieder nicht mitisst«, ruft meine Mutter, als ich, gleich nachdem ich sie begrüßt habe, in meinem Zimmer verschwinden will. »Langsam übertreibst du es aber mit deiner Diät. Nach dem Schwimmen muss man doch was in den Magen bekommen, das verbraucht doch alles Energie!«

Es gibt kaum einen Satz, mit dem sie mich glücklicher machen könnte, aber das kann ich ihr natürlich nicht sagen. »Melli und ich haben uns Pommes gekauft und später noch ein Riesensein«, lüge ich deshalb. »Außerdem ist es viel zu heiß zum Essen. Mir liegt jetzt noch alles schwer im Magen. Ich trinke nur ein Selters.«

»Du machst ja sowieso, was du willst. Aber gar nichts zu essen, halte ich für ungesund. Deine Pommes sind doch bestimmt schon ein paar Stunden her! Wie willst du das bis zum Frühstück durchhalten?«

»Das halte ich locker durch. Du weißt doch, dass ich abnehmen will.«

»Ach, abnehmen. Du bist doch gar nicht dick, außerdem sind wir alle vollschlank.«

»Vollschlank, phh. Felix ist fett. So möchte ich nicht werden.«

»Fett, fett. Ein Junge muss ein bisschen was auf den Rippen haben. Meinetwegen kannst du ja FDH machen, isst du eben von allem nur halb so viel. Aber gar nichts, das geht doch nicht.«

Jetzt verdrehe ich die Augen so wie Melli vorhin im Freibad. »Ich esse nicht *gar nichts*. Ich habe Pommes gegessen, mit Ketschup und Mayo. Und jetzt lass mich in Ruhe.«

In meinem Zimmer weiß ich zuerst gar nicht, was ich machen soll. Mein Magen knurrt wie verrückt, der Gedanke an die Pommes, die ich bloß erfunden habe, macht es sogar noch schlimmer. Um dieses Gefühl loszuwerden, trinke ich mein Wasserglas in einem Zug leer, danach habe ich Schluckauf und in meiner Kehle brennt es. Nebenan steht bestimmt frisches Krustenbrot auf dem Tisch, Pfefferschinken und eine Käseplatte. Vielleicht hat Mama einen Salat gemacht. Den könnte ich eigentlich essen, aber dann überredet sie mich bestimmt dazu, auch bei den anderen Sachen zuzugreifen. Das kann ich nicht riskieren.

Durch die Wand höre ich leise die Stimmen von Mama, Papa und Felix, sie reden und lachen miteinander. Ich bin allein. Aber durch das Hungern jetzt wiege ich morgen bestimmt noch weniger als heute und dann kann ich auch wieder einmal abends etwas essen. Und beim Frühstück und mittags sowieso. Einen Augenblick lang überlege ich, ob ich Melli anrufen soll. Ein wenig neugierig bin ich schon, ob es nur ein harmloser Schwimmbadflirt war oder mehr. Noch immer sehe ich die beiden vor mir, die beinahe zärtliche Berührung, als er langsam das Sonnenöl auf ihrem Rücken verstrich. Zum Glück bin ich nicht in die Verlegenheit gekommen, dass Tommy bei mir das Gleiche hätte tun wollen. Er war nicht mein Typ. Aber bestimmt fand Tommy mich sowieso zu dick, von daher uninteressant und ist deshalb gegangen, um nicht das fünfte Rad am Wagen zu sein.

Aber wenn Melli noch gar nicht zu Hause ist? Ich lasse es lieber. Ein paar Minuten lang sitze ich an meinem Schreibtisch herum, ohne etwas Sinnvolles zu tun. Dann ziehe ich mich aus und schleiche ins Bad, so leise ich kann, damit mich niemand aufhält und fragt, ob ich nicht doch noch mitessen möchte.

Als ich im Bett liege, nehme ich das Buch in die Hand, das ich vor einer Weile halbherzig angefangen habe, aber ich muss jeden Absatz dreimal lesen, weil mein Magen ständig dazwischenknurrt und gluckert. Ich mache das Licht aus und schlafe irgendwann tatsächlich ein.

Mitten in der Nacht wache ich auf. Das nagende Gefühl in meinem Bauch ist unerträglich geworden. So werde ich auf keinen Fall wieder einschlafen. Ich muss etwas essen! Aber wenn ich etwas esse, wiege ich morgen früh bestimmt immer noch genauso viel wie gestern oder sogar mehr. Trotzdem. Ich habe Hunger, quälenden Hunger.

Ich gehe auf die Toilette und trinke so viel Wasser, bis mein Bauch fast platzt, aber schon ein paar Minuten, nachdem ich mich wieder hingelegt habe, ist das Magenknurren wieder da. Eigentlich habe ich tagsüber doch so wenig Kalorien zu mir genommen, dass ich auch dann noch abnehmen müsste, wenn ich jetzt eine Kleinigkeit esse. Es muss ja nicht gleich eine Riesenmahlzeit sein, nur ein oder zwei Knäckebrote, mal sehen, was vom Abendessen noch an Belag übrig ist, dazu wieder Selters und vielleicht etwas Obst. Das kann doch nicht so schlimm sein, oder?

Als ich eine halbe Stunde später wieder im Bett liege, ist das Magenknurren weg. Dafür habe ich jetzt einen Kloß im Hals. Als ich mich auf die Seite rolle und versuche, wieder einzuschlafen, rollen mir zwei Tränen aus den geschlossenen Augen. Warm und nass kitzeln sie meine Haut, bis sie sich schließlich in meinen Haaren auflösen. Schade, dass ich jetzt nicht eine Runde schwimmen kann.

Was habe ich nur getan?

In der Mark-Spitz-Halle riecht es nach Chlor und Heizungsluft. Noch einmal überprüfe ich, ob alles richtig sitzt, kein Träger meines Sportbadeanzugs verdreht ist oder noch Haare aus der eng sitzenden Badekappe schauen. Den Riemen meiner Schwimmbrille stelle ich noch einmal nach, bis wirklich nichts mehr verrutschen kann, dann gehe ich hinüber zu den anderen Schwimmerinnen. 50 Meter Delfin, Jugend trainiert für Olympia. Delfin ist der anstrengendste, kräftezehrendste Schwimmstil. Da muss man wirklich durchtrainiert sein.

Ich bin die Letzte, die erscheint, die anderen sitzen auf dem gekachelten Boden. Einige schauen mich an, hinter den Schwimmbrillen sehen ihre Augen seltsam weit entfernt aus und emotionslos wie Fischpupillen. Manche wirken still, in sich gekehrt, blicken auf ihre nackten Füße oder ihre kurz geschnittenen, unlackierten Fingernägel. Ich bin aufgeregt wie schon lange nicht mehr.

Dann erscheint unsere Trainerin und macht mit uns ein paar Lockerungsübungen. Tatsächlich spüre ich, wie meine Arme, Beine und vor allem die Rückenmuskulatur allmählich weicher und geschmeidiger werden. Als wir uns schließlich ausschütteln dürfen, ist auch meine Nervosität verflogen. Jetzt zählt nur noch der Wettkampf, die Qualifikation, der Sieg.

Mit einem leisen Pfiff weist die Trainerin uns an, unsere Plätze hinter den Startblöcken einzunehmen. Dann steigen wir die zwei Stufen hinauf. Wieder ein Pfiff, wir gehen in Startposition. Mit gesenktem Kopf blicke ich auf das Wasser, das still und blau unter mir liegt. Jeder Muskel ist jetzt angespannt, jede Faser meines Körpers wartet darauf, endlich einzutauchen. Der letzte Pfiff ist laut und schrill, trifft uns wie ein Startschuss, gleichzeitig stoßen wir uns mit den Zehen ab, hechten nach vorn und sind im Wasser. Ich spüre, dass mein Sprung gut war, schnell und lange gleite ich unter der Wasseroberfläche entlang, ehe ich wieder auftauche und Luft hole, um mich gleich darauf mit kräftigen, raumgreifenden Schwimmzügen durch meine Bahn zu kämpfen.

Ich darf nicht nach links oder rechts schauen, um zu sehen, ob die Mädchen neben mir weiter sind als ich oder hinter mir zurückbleiben. Das kostet alles Zeit. Nur meine eigene Leistung zählt. Schon sehe ich das andere Ende des Schwimmbeckens, unter Wasser erscheint es durch die Schwimmbrille noch dichter als von oben. Jetzt kommt es darauf an, dass mir die Wendung optimal gelingt. Einen Augenblick lang spüre ich die Bewegung des Wassers neben mir, meine Nachbarin zur linken Seite ist offensichtlich etwas ins Trudeln geraten oder schwimmt zu dicht an meine Bahn heran. Ich sehe zu, dass ich Abstand gewinne, und schon bald habe ich meinen Rhythmus wieder gefunden.

Gegen Ende der zweiten Bahn wird das Atmen an der Wasseroberfläche schwieriger, meine Kräfte lassen nach, ich merke es an den schmerzenden Oberarmen. Aber jetzt darf ich nicht aufgeben, so kurz vor dem Ziel. Noch vier Züge, noch drei, noch zwei. Für den letzten biete ich all meine Reserven auf, dann schlage ich mit der rechten Hand an, halte mich an der

Rinne fest, reiße mir die Brille von den Augen und ringe nach Luft.

Als ich wieder klar denken kann, sehe ich die beiden Mädchen neben mir, die ebenfalls japsen. Wir lächeln uns an.

Ein kurzer Gongschlag reißt uns aus unseren erwartungsvollen Gedanken. Eine herbe Frauenstimme räuspert sich, es gibt eine Rückkopplung, dann wird der Ton klar.

»Auf Platz eins hat sich mit der heutigen absoluten Bestzeit dieses Jahrgangs Katharina Kühn qualifiziert«, tönt es durch die Halle, »gleichzeitig mit Sina Wagenknecht, herzlichen Glückwunsch. Platz zwei belegt...«

Sina Wagenknecht? Ich? Platz eins? Ich kann es nicht glauben. Um nachzufragen, ob ich mich verhört habe, klettere ich aus dem Becken.

Während ich unsere Trainerin suche, fällt mein Blick auf die Glasscheibe, die die Schwimmhalle von der Cafeteria trennt. Irgendeine Bewegung hat meine Aufmerksamkeit auf sich gezogen.

Hinter der Glasscheibe steht Fabio. Mit einer Hand schiebt er sich die Brille hoch, mit der anderen winkt er mir zu. Dann hält er beide Daumen nach oben und lacht mich an.

Ich lache zurück.

58 kg
Morgens: 2 Scheiben Toast, etwas Butter,
2 Teelöffel Marmelade, eine Tasse ungesüßter Tee
Vormittags: 1 Apfel (Granny Smith)
Mittags: 2 Esslöffel Magerquark mit Kräutern,
2 mittelgroße Pellkartoffeln,
ein Glas Mineralwasser
Nachmittags: 1 Glas Mineralwasser, 1 Butterkeks
Abends: nichts

»Hast du abgenommen, Sina?« Fabio sieht mich mit großen erstaunten Augen an, als wir uns am Ende der Sportstunde auf der Schulhoftreppe treffen. »Du siehst ja auf einmal sagenhaft schlank aus. Das war mir noch gar nicht aufgefallen.«

Ich weiß nicht, was ich antworten soll. Klar, jetzt in den Sportsachen sieht man es mehr als in meinen normalen Klamotten, dass ich schon mehr als acht Kilo abgenommen habe. Heute fand unser Sportunterricht draußen statt, Frau Herrmann hat mit uns für die Bundesjugendspiele trainiert.

Nachdem es in den letzten Tagen ein paarmal geregnet hat, ist es heute wieder heiß, und vielen Mädchen ist es beim 600-Meter-Lauf schwindlig geworden. Auch mir. Trotzdem war ich schneller am Ziel als Melli. Frau Herrmann hat ausgerechnet, dass ich diesmal eine Ehrenurkunde schaffen könnte, wenn ich im Weitsprung und im Kugelstoßen genauso viele Punkte schaffe. Eine Ehrenurkunde, ich! Früher habe ich mit Ach und Krach gerade mal die Siegerurkunde geschafft, in manchen Jahren nicht mal die.

»Du siehst echt gut aus«, reißt Fabio mich aus meinen Gedanken. »Wirklich. Eine richtig tolle Figur hast du bekommen.«

Ein wenig schüchtern stehen wir herum und lächeln uns an, während sich die Treppe immer mehr mit Leuten aus den anderen Klassen füllt. Ich muss noch duschen gehen. Die meisten anderen sind schon weg, nach dieser Stunde haben alle Schluss. Es ist hitzefrei. Leise verabschiede ich mich von Fabio und will zu den Umkleideräumen gehen, da hält er mich am Handgelenk fest.

»In der Innenstadt hat eine neue Disko aufgemacht«, sagt er, ohne mich loszulassen. »Ich wollte immer schon mal hin, nur alleine komme ich mir etwas komisch vor. Aber mit dir zusammen könnte es mir Spaß machen, glaube ich. Hast du Lust, am nächsten Samstagabend vielleicht?«

Ich glaube, ich träume. Fabio will mit mir in die Disko? Dann bin ich also am Ziel meiner kühnsten Sehnsüchte und Wünsche? Ich spüre, wie mein Herz schneller klopft, schon will ich für Samstag zusagen, als plötzlich tausend Gedanken in meinem Kopf durcheinander purzeln. Wie primitiv und plump, typisch Junge. Erst beachtet er mich monatelang überhaupt nicht, und kaum kann ich eine halbwegs passable Figur vorweisen, steht er blöd herum und hält meine Flosse fest, als wäre ich für ihn die wichtigste Person unter der Sonne. Weshalb hat er mich nicht zum Tanzen eingeladen, als ich noch fett war? Wenn er mich wirklich mögen würde, wären ihm doch ganz andere Dinge wichtig als ein fester, kleiner Po, schmale Oberschenkel und Körbchengröße B. Wer weiß überhaupt, ob Fabio mich nicht auch nur blöd begrapschen will wie Onkel Erich? Und was ist, wenn ich wieder zunehme? Soll ich dann etwa akzeptieren, dass er sich gleich auf die Pirsch nach einem anderen, schlankeren Mädchen macht?

»Vergiss es«, höre ich mich plötzlich sagen, und meine Stimme klingt aggressiv und schrill. »Ich hasse Diskotheken.« Dann schüttle ich seine Hand ab und renne keuchend die Treppe hoch – ich habe immer noch nicht genug Kondition. Der Umkleideraum ist bereits leer, nur eine Dusche höre ich noch rauschen, das ist wahrscheinlich Frau Herrmann. Mit hektischen Bewegungen knote ich die Bänder meiner Schuhe auf, eines reißt dabei, ich fluche leise vor mich hin und starre den Schuh an. Die Sohlen sind ganz rot von dem Belag auf unserem Sportplatz. Als ich höre, wie die Dusche abgedreht wird, stopfe ich mein Sportzeug in den Rucksack, nehme mein Handtuch und die Seife heraus und gehe hinüber in den vor Nässe dampfenden, gekachelten Raum.

»Ach, du bist noch da, Sina.« Frau Herrmann hat sich einen Turban aus ihrem Handtuch geknotet und geht an mir vorbei zum Lehrerumkleideraum. »Du warst heute wirklich gut. Mach nachher noch das Fenster auf, wenn du gehst, ja? Damit die Feuchtigkeit abziehen kann.«

Dann habe ich die Dusche für mich allein. Ich drehe den Hahn voll auf und halte mein Gesicht unter den prasselnden Wasserstrahl, spüre, dass abertausende von Tropfen mich treffen wie lauter kleine Nadelspitzen, zuerst kalt, dann immer heißer. Das verursacht eine Gänsehaut auf meinem Rücken. Dann seife ich mich ein, der ganze Schweiß von dieser Sportstunde bei 31 Grad muss runter. Ich bin total verklebt, bestimmt stinke ich. Mein Duschgel duftet nach Meeresbrise, frisch und herb, aber trotzdem weiblich, es riecht hellblau. Sorgfältig verteile ich den feinen Schaum auf meinem ganzen Körper, unter den Achseln, zwischen meinen Brüsten, die endlich nicht mehr so riesig und wabbelig sind wie noch vor sechs Wochen. Ich lasse meine Hände über meinen Brustkorb gleiten, dann über den Bauch und die Taille hinunter bis zu den Hüften. Wenn ich mit den Fingerspitzen ein wenig drücke, kann ich sogar meine Knochen fühlen, die Rippen, das Becken. Nur noch ein paar Kilo, dann kann ich aufhören abzunehmen. Lieber will ich etwas unter mein Traumgewicht kommen, damit ich nach der Diät nicht gleich wieder so aufpassen muss, sondern endlich mal wieder nach Herzenslust schlemmen kann, Eis essen mit Melli und den anderen, abends in die Pizzeria, Pommes im Schwimmbad, die nicht nur erlogen sind.

Jetzt gleite ich mit meinen Gedanken davon. Ich schließe die Augen und stelle mir vor, es wären nicht meine, sondern Fabios Hände, die mich berühren und streicheln.

Die Sonne steht kitschig rot am Abendhimmel, der Sand ist noch immer warm, es ist ganz windstill, eine Stimmung wie geschaffen für Liebespaare. Immer wieder schaue ich mich um und kann es nicht fassen, dass wir ganz allein hier sind, nur Fabio und ich in dieser kleinen Bucht. Zum ersten Mal, seit wir zusammen sind, durften wir gemeinsam verreisen, zusammen mit seiner älteren Schwester und ihrem Mann – aber immerhin. Heute ist erst der zweite Ferientag, drei herrliche Wochen liegen noch vor uns, aber schon jetzt sind wir von der Sonne gebräunt. Ich sehe es, als ich auf dem Bauch liege und Fabio etwas von dem pudrigen weißen Sand in die Hand nimmt und auf meinen Arm rieseln lässt. Es kitzelt, ich muss lachen, dann spüre ich Fabios Lippen auf meiner Schulter, trocken, warm und unendlich sanft. Es fühlt sich an, als ob sich hunderte von Schmetterlingen gleichzeitig auf meiner Haut niederließen.

»Du bist so schön«, flüstert er, »so schön! Ich kann es noch gar nicht glauben, dass du zu mir gehörst.«

Ich drehe mich um und sehe ihn prüfend an. »Und das sagst du nicht nur, weil ich schlanker geworden bin?«

Fabio zieht die Augenbrauen zusammen und sieht mich an. »Wie kommst du darauf?« Er schüttelt den Kopf und küsst mich erneut. »Ich habe dich schon immer geliebt, seit ich dich zum ersten Mal gesehen habe. Auch mit mehr Kilos. Aber jetzt bist du noch anziehender geworden, weil du dir selbst besser gefällst. Das spürt man einfach.«

Wie um seine Worte zu bekräftigen, dreht er mich auf den Rücken und beginnt, mich zu streicheln, aber nicht meine Taille oder die schmaler gewordenen Oberschenkel, sondern mein Gesicht und meine Haare, meinen Nacken, zärtlich zeichnet er mit dem Finger die Linie von meinem Haaransatz bis hinunter zum Kinn nach. Ich mache dasselbe bei ihm, wir lachen leise und dann küssen wir uns und können gar nicht mehr damit aufhören. Seine Lippen schmecken nach Salz.

Plötzlich ist das warme Wasser weg, als hätte es mir jemand wie von Geisterhand ausgedreht. Nur noch Eiswasser prasselt auf mich herunter. Das ist eine Mistschule, immer müssen sie Energie sparen, noch nicht mal nach dem Sport kann man vernünftig duschen. Zitternd vor Kälte, drehe ich den Hahn zu und trockne mich ab. Der Traum war so schön. Erst als ich auf die Straße trete, fällt mir wieder ein, dass ich Fabio in Wirklichkeit gerade eben eine saftige Abfuhr gegeben habe.

Schleichend trete ich den Heimweg an. Hinter meinen Augen brennen Tränen.

»Ihr habt Hitzefrei! Daran habe ich nicht gedacht.« Meine Mutter wischt sich ihre Hände an der Schürze ab, die sonst so akkurat frisierten dunklen Locken hängen ihr wirr in die Stirn. »Ich bin noch mitten beim Fensterputzen, zum Kochen hatte ich noch gar keine Zeit. Hoffentlich bist du nicht allzu hungrig.« An ihrem Hals treten rote Flecken auf, während sie mit gehetztem Blick auf die Küchenuhr schaut. Außerdem riecht sie nach Schweiß. Ich lasse meinen Rucksack fallen und gieße mir ein Glas Selters ein.

»Was hältst du davon, wenn *ich* heute mal koche?«, frage ich. »Dass du bei der Hitze die Fenster putzt, finde ich schon total irre. Da kann ich dir doch wenigstens das Kochen abnehmen.«

»Ach, lass nur, Kind. Das schaffe ich schon. Ich wollte nur Pellkartoffeln mit Quark machen. Für ein großes Essen ist es wirklich zu warm.«

Sie macht mich wahnsinnig! Immer muss sie Mrs Perfect sein, die nicht einen Act mal delegieren kann. Ich will jetzt nicht in meinem Zimmer hocken und über mich und Fabio nachgrübeln oder, noch schlimmer, über das Abnehmen. Ich muss jetzt was machen, irgendwas.

»Wirklich, Mama, ich mach es gern«, sage ich deshalb. »Und irgendwann muss ich es ja mal lernen.«

Das Argument zieht. Wenn ich Leistungswillen demonstriere, kriege ich sie immer. So habe ich es auch geschafft, mich wochenlang vor dem Abendessen zu drücken: Die vielen Hausaufgaben versauten mir den ganzen Appetit, mache ich ihr schon eine halbe Ewigkeit lang weis und verspreche ihr dann immer, mir später noch etwas zu essen zu machen. Meistens geht Mama jedoch vor mir schlafen, sodass sie kaum jemals mitbekommt, dass ich bis zum nächsten Morgen nichts mehr esse.

»Da hast du nicht ganz Unrecht«, gibt sie endlich zu, »also gut. Zuerst putzt du die Kartoffeln. Es darf kein Sand dranbleiben, sonst wirkt es unappetitlich. An den Quark gibst du einen Schuss Sahne und schmeckst ihn mit Pfeffer, Salz und Tiefkühlkräutern ab. Und vergiss nicht, das Leinöl hinzustellen, wenn du den Tisch deckst. Hast du denn noch Hausaufgaben auf?«

»Die letzte Unterrichtseinheit in Englisch lese ich mir noch mal durch. Morgen schreiben wir eine Arbeit.«

»Ach so.« Mama lacht und greift wieder nach ihrem Putzlappen. »Englisch. Das schaffst du ja mit links.«

Ich lächle ihr zu, schließe die Küchentür hinter mir und mache alles genau so, wie Mama es gesagt hat. Pellkartoffeln zu kochen, ist ja wirklich keine Kunst, den Quark anzurühren macht schon mehr Spaß. Wie viel Sahne ist »ein Schuss«? Ich halte das kleine TetraPak einmal kurz über die Schüssel und sehe zu, wie sich die helle Flüssigkeit über dem weißen Quark verteilt. Mama hat Sahnequark gekauft, wieso muss dann extra noch mal Sahne darüber gegossen werden? Als ob das Zeugs nicht auch so schon fett genug wäre! Sie will uns wohl alle mästen! Aber nicht mit mir! Wie ein Dieb schleiche ich mich zum Küchenschrank und hole mir ein Dessertschälchen heraus. Mit einem Esslöffel kratze ich die obere Schicht des Quarkklumpens herunter und schaufele einen Löffel voll in mein eigenes Schälchen, dann noch einen, und zwar ohne Sahne. Das genügt. Sollen die anderen doch schlemmen, in Kalorien nur so schwimmen, ich habe das nicht nötig. Rasch schaue ich in meiner Kalorientabelle, die ich seit ein paar Wochen immer in meiner Hosentasche trage, unter »Kartoffeln« nach. Wenigstens haben Pellkartoffeln praktisch keine Kalorien. Für heute bin ich also gerettet. Aber wenn am Tisch etwas übrig bleibt, gibt es morgen garantiert fettige Bratkartoffeln. Da muss ich mir noch etwas einfallen lassen, wie ich die umgehen kann. Im Tiefkühlfach wühle ich nach den Küchenkräutern und lese mir erst genau durch, welche drin sind, zerhackt, matschig geworden und dann eingefroren. Dann lasse ich sie langsam über den Quark rieseln, auch über meinen. Kräuter machen nicht dick.

»Jetzt hast du doch das Leinöl vergessen.« Mama steht vom Tisch auf und wirft mir ihren typischen »Dann-hätte-ich-auch-gleich-alles-selber-machen-können«-Blick zu. »Du weißt doch, dass Papa Pellkartoffeln nur damit isst. Und du doch auch, soweit ich mich erinnern kann.«

»Quatsch, schon lange nicht mehr.« Ich zerdrücke eine Pellkartoffel auf dem Teller und verteile sie fast bis zum Rand, bevor ich sie mit meinem Kräuterquark vermische. »Leinöl hat so einen komischen bitteren Nachgeschmack. Und Papa kommt doch sowieso später.«

Mama schweigt. Ich nehme ein wenig Kartoffel-Quark-Gemisch ganz vorn auf meine Gabel und fange an zu kauen. Ich glaube, der ganze Tisch hört, wie mein Magen knurrt, aber ich esse langsam, dann wird man viel schneller satt, als wenn man alles im Turbogang in sich hineinschlingt, wie Felix es tut. Er lädt sich bereits zum dritten Mal seinen Teller voll – seine Kartoffeln schwimmen fast in Leinöl –, als ich meine Portion gerade zur Hälfte aufgegessen habe. Sein Gesicht ist schon ganz rot von Schweiß und vom vielen Essen. Widerlich, diese Gefräßigkeit!

»Das ist doch kein Essen, was du da treibst, Sina«, attackiert meine Mutter mich schon wieder. »Eine winzige Kartoffel. Und wieso nimmst du dir nicht den Quark aus der großen Schüssel, sondern hast eine eigene kleine? Hat das wieder was mit deiner Diät zu tun? Ich verstehe das alles nicht.«

»Von wegen Diät. Ich habe beim Kochen so viel Quark genascht, dass ich schon pappsatt ins Esszimmer gekommen bin. Ich habe mir extra was abgefüllt, damit ich nicht mit meinem abgeleckten Löffel in die große Schüssel tauche. Das wäre doch eklig gewesen.«

»Ach so. Dann ist es ja gut. Aber eine Kartoffel nimmst du doch noch, oder? Du kannst doch nicht nur Quark essen, Kind. Der hält doch nicht lange vor und dann hast du nachher beim Lernen Hunger.« Ohne meine Antwort abzuwarten, sucht sie die größte Kartoffel, die sie finden kann, heraus und pellt sie für mich. Während ich sie mit der Gabel zerteile, fühle ich, wie Mama und Felix mich fixieren. Sogar meine Katze Mandy, die sich auf Papas Stuhl gesetzt hat, starrt mich an. Spinnen die alle? Was geht es die denn an, wie viel ich esse? Um nicht gleich auszurasten und meinen Teller an die Wand zu klatschen, stehe ich auf.

»Ich esse beim Lernen weiter«, fauche ich. »Sonst schaffe ich das alles nicht, was ich mir vorgenommen habe. Außerdem will ich bei der Hitze vielleicht noch ein paar Runden schwimmen und nicht den ganzen Tag über diese Fresserei hier diskutieren.« Ohne einen von beiden noch einmal anzusehen, nehme ich meinen Teller und gehe aus dem Zimmer. Mit dem Fuß stoße ich die Tür ein wenig zu laut hinter mir zu.

»Das ist doch nicht mehr normal«, höre ich meine Mutter seufzen, mehr zu sich selbst als zu Felix. Trotzdem brummt er irgendeine dämliche Antwort, wahrscheinlich gibt er ihr Recht, wie immer.

Die sind nicht normal! So ein Gewese wegen einer Kartoffel zu machen, als gäbe es nichts Wichtigeres auf der Welt! Einfach lächerlich. Ich stelle den Teller aufs Fensterbrett in meinem Zimmer. Die Mittagssonne knallt voll drauf, bald wird alles eintrocknen und anfangen zu stinken und dann kann das Zeug sowieso kein Mensch mehr essen.

Als ich mich endlich hinsetze und mein Englischbuch aufschlage, atme ich tief durch. Nun kann ich mich mit den wahren Problemen dieser Welt befassen, nicht mit diesem kleinbürgerlichen Spießerkram: Wie viele Kartoffeln man essen muss, ob es auch ohne Leinöl geht, blablabla. Das ist doch alles so was von scheißegal! Unser Aufsatz morgen geht über die Probleme kinderreicher Familien in amerikanischen Gettovierteln. Denen würde ich liebend gerne was abgeben von dem fetten Essen, das sie bestimmt viel nötiger haben als ich. Und meine Pfunde können sie auch haben. Mein Traumgewicht habe ich nämlich noch lange nicht erreicht.

Umso glücklicher bin ich, als ich bereits nach kurzer Zeit wieder dieses Gefühl im Magen spüre, das mir allmählich immer vertrauter wird, dieses herrlich nörgelnde, nagende Gefühl im Magen, der Schmerz, der mir sagt: Du hast es wieder geschafft, Sina, du hast nicht zu viel gegessen, du nimmst nicht zu, vielleicht nimmst du sogar noch ein bisschen ab. Dein Bauch ist ja leer, es ist nichts Schlimmes passiert.

Dass das Nagen stärker wird, versuche ich zu ignorieren, indem ich auf die Seite im Buch starre, die ich lernen muss. Auf der linken Seite stehen die neuen Vokabeln, rechts die

Grammatikregeln, in der Mitte der Text, um den es geht. *To suffer from* = leiden unter; *to be hungry* = hungrig sein; *famine* = Hungersnot.

Oh my god. I'm so hungry!

51 kg
Morgens: 1 ¹/₂ Scheiben Toastbrot,
1 Tasse ungesüßter Tee
Vormittags: 1 Dose kalorienreduzierte Zitronenlimonade
Mittags: nichts
Nachmittags: 1 Glas Mineralwasser
Abends: 1 Pizza Calzone, 1 Glas Mineralwasser

»Sag mal, was ist eigentlich mit dir los?« Melli packt mich am Ärmel, ehe ich durch die Klassentür an ihr vorbeieilen kann. »Hab ich die Krätze oder weshalb gehst du mir schon seit Wochen aus dem Weg?«

»Ich geh dir nicht aus dem Weg.« Ganz kurz sehe ich Melli an, dann blicke ich zu Boden. »Ich dachte, du hast keine Zeit mehr wegen deinem Schwimmbadschwarm.«

»Ach, Enrico.« Melli lacht und wirft ihre dunklen Locken nach hinten. »Er ist ein süßer Typ, ja. Aber im Schwimmbad laufen noch so viele andere Schnuckels herum. Warum kommst du überhaupt nicht mehr mit?«

»Ich gehe fast jeden Tag schwimmen«, verteidige ich mich. »Aber in letzter Zeit gehe ich lieber in die Mark-Spitz-Halle als ins Freibad.«

»In die Halle, mitten im Sommer? Wo es nach Käsefüßen und Desinfektionsmitteln stinkt, alle nur verbissen ihre Bahnen herunterreißen und Badekappen tragen? Bist du wahnsinnig geworden? Da kann man ja noch nicht mal braun werden!«

»Dafür ist es nicht so voll. Ich mag diese Menschenmassen nun mal nicht. In der Halle habe ich meine Ruhe.«

»Du hörst dich an wie 'ne Rentnerin. Letzten Sommer waren wir doch dauernd zusammen im Freibad. Kommst du wenigstens heute zu meinem Geburtstag?«

»Logisch.« Ich umarme sie und wünsche ihr alles Gute. Auf keinen Fall darf sie merken, dass ich ihren Sechzehnten beinahe vergessen hätte. Das Geschenk muss ich auch noch besorgen. »Wann wolltest du denn anfangen?«

»So um acht. Aber du kannst auch eher kommen und mir bei den Vorbereitungen helfen. Ich wollte Pizza backen. Kannst du um sechs da sein?«

Um sechs! Fieberhaft rechne ich die Stunden nach Schulschluss durch. Nach Hause gehen, Mittagessen, Hausaufgaben machen, das Geschenk besorgen und einpacken – gut, das könnte ich gerade so hinbekommen. Aber eigentlich muss ich auch noch schwimmen gehen, wenn ich heute Abend Pizza essen soll. Wenigstens vorher noch ein paar Kalorien verbrauchen, damit nicht gleich alles so ansetzt.

»Klar, schaffe ich«, höre ich mich sagen. »Wir beide backen die beste Pizza, die es je gegeben hat. Kommt Fabio auch?«

Das Ablenkungsmanöver ist mir gelungen. Melli hakt sich bei mir unter und wir gehen zusammen auf den Hof. »Ach, daher weht der Wind«, lacht sie. »Also abgesagt hat er bisher nicht. Du kannst also noch hoffen.«

Mittags rufe ich meine Mutter an und sage, dass ich nicht zum Essen nach Hause komme. Wenigstens stellt sie mir keine Fragen, nachdem ich ihr den Grund genannt habe. Pizza backen mit Melli, das beruhigt sie. Vom Schwimmen sage ich nichts.

Als ich aufgelegt habe, atme ich tief durch und fahre mit der U-Bahn zum Einkaufszentrum in der Innenstadt. Der Nachmittag gehört mir. Melli wünscht sich ein Buch von ihrem Lieblingsschriftsteller, aber ein älteres, ich hoffe, dass ich es überhaupt bekomme. Tatsächlich rege ich mich gleich im ersten Buchladen auf: weit und breit nur Neuerscheinungen und Bestseller, und die gleich stapelweise, dazu ein paar Klassiker, die man im Deutschunterricht lesen muss, ansonsten ist tote Hose. In der Buchabteilung des großen Kaufhauses genau das Gleiche. Soll ich jetzt etwa noch durch die halbe Stadt gurken, nur um ein Buch aufzutreiben, das fünf Jahre alt ist? Ich will noch schwimmen gehen, verdammt! Verbraucht ein Einkaufsbummel etwa Kalorien?

Dick und schwerfällig komme ich mir vor, während ich mich durch die vielen Menschen mit ihren Tragetaschen schiebe, und nach dem dritten Buchladen gebe ich auf. Vielleicht finde ich in der Nähe der Schwimmhalle noch einen Laden, das ist mehr so eine Szenegegend mit etwas freakigeren Geschäften. Kann sein, dass ich da eine Chance habe.

Nach der Hitze draußen und in den Umkleideräumen kommt mir das Wasser im 50-Meter-Becken eiskalt vor. Als ich eintauche, schlagen meine Zähne so heftig aufeinander, dass es das ganze Bad hören müsste, und ich bekomme am ganzen Körper eine Gänsehaut. Ich schwimme gleich los, von Bewegung vergeht das Kältegefühl, und tatsächlich fange ich nach wenigen Schwimmzügen an, mich zu entspannen.

Kälte entzieht dem Körper Kalorien, deshalb habe ich mir auch dieses Bad für meine fast täglichen Trainingsbahnen ausgesucht. Am Anfang hatte ich kaum Kondition, aber das änderte sich bald. Jetzt verlasse ich die Halle frühestens nach einer Dreiviertelstunde, vielleicht halte ich heute sogar noch länger durch. Die Zeit nach der Schule, am frühen Nachmittag, ist die beste, da sind die Rentner und Schulklassen schon weg und die Berufstätigen noch nicht da, sodass ich das Sportbecken fast für mich alleine habe. Mit kräftigen, gleichmäßigen Schwimmstößen arbeite ich mich durchs Wasser und stelle mir vor, wie jede Bewegung meine Muskeln kräftigt, das Fett an Bauch und Oberschenkeln schwinden lässt und mich meinem Traumgewicht näher bringt. Einige Bahnen neben mir schwimmt eine Frau, ebenfalls allein. Wenn wir uns begegnen, nickt sie mir zu oder lächelt. Zwei alte Männer dümpeln leise plaudernd im Wasser herum. Die Bademeisterin kenne ich schon vom Sehen, eine etwas herb wirkende Frau Mitte dreißig mit flacher Brust, kurzen, kräftigen Beinen in Holzklapperlatschen und einem strengen Gesicht. Auch sie grüßt mit einem Blick, aber sie sieht mich irgendwie merkwürdig an. Was das soll, weiß ich nicht, ich habe ihr nichts getan.

Nach einer halben Stunde fangen meine Arme an wehzutun, eigentlich könnte ich jetzt an den Rand schwimmen und mich ein wenig ausruhen. Aber ich schwimme weiter, ich will durchhalten! Alles andere wären ungenutzte Minuten, in denen ich keine Kalorien verbrauche, und das, wo ich heute Abend noch Pizza essen muss. Ich schwimme und schwimme, versuche, nichts mehr zu denken. Schließlich schaffe ich es, meine schmerzenden Muskeln nicht mehr zu spüren. Dann ist die Zeit um. Wenn ich irgendwo noch ein halbwegs brauchbares Geschenk für Melli auftreiben will, muss ich jetzt raus.

»Mädchen, du verausgabst dich ja völlig«, sagt die Bademeisterin leise, als ich an ihr vorbei zur Dusche gehe.

Das höre ich gern. Meine Knie zittern sogar ein wenig, jetzt, da ich wieder festen Boden unter den Füßen habe. Eine Stunde und zehn Minuten lang bin ich geschwommen, ohne abzusetzen. Auf dem Weg zum Umkleideraum begegne ich noch einmal der Bademeisterin, die meinen ganzen Körper von oben bis unten mustert.

»Das ist doch Wahnsinn, was du da machst, Mädchen«, sagt sie. »Und immer ganz allein.«

Ich schaue an ihr vorbei und lasse sie einfach stehen.

Draußen auf der Straße spüre ich meinen leeren Magen. Überall um mich herum scheint es von Bäckereien und Imbissbuden nur so zu wimmeln, lauter leckere Düfte steigen mir in die Nase, und die ganze Stadt scheint aus dicken Leuten zu bestehen, die Currywürste und Pommes vertilgen oder frisch gebackene Streuselschnecken gleich aus der Papiertüte futtern. Zum Glück habe ich da mehr Selbstdisziplin. Jetzt ist es schon kurz nach fünf Uhr, so lange habe ich noch nie – vom Frühstück abgesehen – ohne Essen durchgehalten. Wenn ich nicht nachher noch Pizza in mich reinstopfen müsste, könnte das mein Diät-Rekord-Tag werden.

Aber erst mal brauche ich Mellis Geschenk. Dass ich hier einen Buchladen finden würde, noch dazu einen ausgefallenen, war eine totale Ente. Nur am U-Bahnhof stoße ich auf ein Mini-Geschäft, das »Presse und Buch« heißt, aber außer Zeitungen gibt es hier fast nur Groschenromane. Was kaufe ich ihr nur? Es ist nur noch eine halbe Stunde Zeit. Um sechs soll ich bei ihr sein, das schaffe ich nie! Während ich immer schneller durch die Straßen laufe, um irgendetwas zu finden, was ihr gefallen könnte, steigt allmählich Panik in mir auf. Warum habe ich mir nicht mehr Zeit dafür genommen, schließlich ist Melli meine beste Freundin! Erst kurz vor Ladenschluss finde ich wenigstens einen Geschenkeshop und suche nach langem Stöbern ein Windlicht aus, das mit echtem Meeressand, Muscheln und einem kleinen, handbemalten Leuchtturm dekoriert ist. Melli fährt gern ans Meer, mit diesem Licht kann sie während der Schulzeit wenigstens davon träumen. An der Kasse lasse ich das Geschenk einpacken und kaufe draußen noch eine rosa Rose. Als ich endlich in die U-Bahn zu Melli steigen will, fallen mir die Hausaufgaben ein. Einen 20 Zeilen langen Text aus dem Deutschen ins Lateinische übersetzen und dann noch Mathe!

Es darf nicht wahr sein. Einen Augenblick lang überlege ich, ob ich morgen einfach früher aufstehen und sie dann erledigen soll, aber ich glaube nicht, dass ich so früh viel zustande bringe. In Latein habe ich die Möglichkeit, mich von einer Zwei auf eine Eins zu verbessern, das will ich mir jetzt vor den Zeugnissen auf keinen Fall versauen. Mit schlechtem Gewissen schicke ich eine SMS an Melli, dass ich etwas später komme. Dann setze ich mich ins nächstbeste Café, bestelle ein Wasser und hole Lateinbuch und Schreibzeug aus meinem Rucksack.

»Das Buch, das du dir gewünscht hast, habe ich bestellt.« Ich umarme Melli, gratuliere ihr noch einmal zum Geburtstag und drücke ihr das eingepackte Geschenk in den Arm. »Eigentlich sollte es gestern schon da sein. Aber irgendwas ist da bei der Lieferung schief gelaufen. Ich bringe es dir dann in die Schule mit.«

Melli tastet das Päckchen ab, an ihren Augen sehe ich, dass sie auch so schon weiß, was drin ist. »Und was war los, weshalb konntest du nicht eher kommen?«, fragt sie mich, während sie anfängt, am Tesafilm herumzupopeln. Es ist schon zwanzig Minuten nach acht.

Ich spüre, dass ich rot werde. »Ach, dieser Shit-Lateintext«, murmele ich. »Ich habe eine halbe Ewigkeit dafür gebraucht, hatte irgendwie ein Blackout heute. Hast du ihn schon fertig?«

»An meinem Sechzehnten?« Melli tippt sich an die Stirn. »Den schreib ich morgen früh von dir ab. Das bist du mir schuldig, nachdem ich mutterseelenallein meinen Pizzateig kneten musste.« Dann hat sie das Windlicht ausgepackt, und obwohl sie sich lächelnd bei mir bedankt, entgeht mir nicht ihre gerunzelte Stirn, als sie noch einmal einen kurzen Blick darauf wirft, um mich dann am Arm zu nehmen und mit mir hinüber zu ihrem Zimmer zu gehen. »Ich stelle es nur schnell auf den Geburtstagstisch«, sagt sie mit seltsam belegter Stimme, während sie die Tür öffnet. »Dann fangen wir an.«

Als wir eintreten, werden wir sofort von Tina, Fabio, Larissa, Mara und Mellis Kusine Nadja umringt. Sogar Enrico und Tommy sind da. Alle bestürmen mich mit der Frage, weshalb ich so spät komme.

»Ist doch jetzt egal«, erwidert Melli, noch ehe ich etwas sagen kann. »Jetzt ist sie ja da. Los, die Pizza wartet. Habt ihr auch alle solchen Kohldampf wie ich?«

Ich glaube, in meinem ganzen Leben habe ich noch nie so viel gegessen wie heute Abend. Melli hat gefüllte Pizza gemacht, das ist ihre Spezialität, und niemand bekommt die so klasse hin wie sie. Am Anfang nehme ich mir nur eine halbe und fange vorsichtig an, daran herumzuschnippeln, esse erst nur die Champignons, die sind kalorienarm, dann ein wenig Artischocke und nur ein kleines Stück von der Käsekruste. Dann nehme ich eine grüne Pepperoni zwischen zwei Finger, beiße hinein und habe nun erst mal einen Grund, mit dem Essen aufzuhören und meine Cola light leer zu trinken, denn das Ding war scharf wie die Hölle.

Die anderen um mich herum lachen und schwatzen, Melli flirtet mit Enrico, und während Tina ab und zu ihren Kopf gegen Fabios Schulter lehnt, säbele ich an dem winzigen Fettrand des ohnehin schon mageren gekochten Schinkens herum, um nicht eine Kalorie zu viel zu mir zu nehmen. Alle anderen sind schon längst fertig und schieben ihre Teller fort, während ich auf meinem noch immer Salami, Pizzateig und Käse ausbreite, immer auf der Suche nach den kalorienärmsten Häppchen, obwohl mir vor Hunger fast schwindlig ist und ich das ganze Teil am liebsten mit beiden Händen in mich hineinstopfen würde. Die andere Hälfte meiner Pizza liegt noch auf dem Backblech, sicher ist sie längst kalt.

»Das letzte Stück da hinten kannst du mir noch geben, Melli«, grölt Enrico. »Deine Freundin hier isst ja sowieso nichts.«

Erst jetzt sieht Melli zu mir hin und nicht nur sie, sondern alle am Tisch hören plötzlich auf zu reden und starren mich an.

»Sina«, flüstert Melli beinahe unhörbar und blickt mit weit aufgerissenen Augen zwischen mir und meinem noch fast vollen Teller hin und her, »Pizza Calzone, das ist doch deine Lieblingspizza, versteh ich nicht...« Dann steht sie auf und rennt aus der Küche.

Ich schiebe mir unter den Blicken der anderen noch eine Gabel voll Champignonstückchen in den Mund, doch so bekomme ich erst recht keinen Bissen mehr hinunter. Entnervt lege ich mein Besteck hin.

»Was glotzt ihr so«, fauche ich die anderen an. »Mir ist nun mal heute nicht so gut. Beinahe hätte ich überhaupt nicht kommen können, irgendwas muss mit meinem Magen sein. Du kannst die Pizza haben, Enrico.«

»Nein, kannst du nicht!« Melli stürmt zurück in die Küche und stellte sich vor das Backblech mit meiner zweiten Pizzahälfte. »Erst kommst du mal mit mir, Sina.« Sie zieht mich an der Hand von meinem Platz hoch und hinter sich her bis ins Badezimmer. Hinter der verriegelten Tür hält sie mir meinen offenen Rucksack unter die Nase.

»Hausaufgaben, ja? Ein Blackout bei der Lateinübersetzung, gerade du mit deinem Einserzeugnis. Hast du dabei vielleicht deinen nassen Badeanzug angehabt?«

Ich schweige.

»Du warst wieder schwimmen, anstatt wenigstens einigermaßen pünktlich zu meiner Fete zu erscheinen. Total verrückt. Du bist ja schon richtig besessen von deinem Sportfimmel und dem Abnehmtheater. Kein Mensch findet dich zu dick. Pass lieber auf, dass du nicht irgendwann zu dünn wirst!«

»Tut mir Leid.« Ich nehme ihr schnell den Rucksack aus der Hand und ziehe den Reißverschluss wieder zu. »Nach der Schule war ich total verspannt. Ich musste schwimmen.«

»Dann bist du ja jetzt bestimmt schön locker und kannst endlich aufhören, meine Geburtstagsparty zu versauen. Iss deine Pizza auf und benimm dich wieder wie ein normaler Mensch!«

»Du redest schon wie meine Mutter.«

»Ist mir scheißegal«, sagt Melli, riegelt die Tür wieder auf und schiebt mich hinaus. »Geh.«

Als ich zurück in die Küche komme, sind die anderen zum Glück schon aufgestanden und räumen ihr Geschirr zusammen. Betont lässig lehne ich mich gegen den Tisch, schaufele mir die Reste von meinem Teller in den Mund und nehme dann die zweite Pizzahälfte vom Blech, um sie einfach so aus der Hand zu essen.

»Ihr könnt schon mal Musik aussuchen«, ruft Melli Enrico, Larissa und Tommy zu, als ob nichts wäre. »Ich habe wahnsinnig Lust zu tanzen. Tina, holst du den Sekt aus dem Keller? Meine Alten haben zur Feier des Tages zwei Flaschen spendiert!«

Dann sind nur noch Fabio und ich in der Küche. Einen Augenblick lang steht er herum, als wisse er nichts mit sich anzufangen, wischt ein wenig mit einem Lappen herum, doch schon ist Tina wieder da und bittet ihn, den Sekt zu öffnen.

»Sofort«, ruft Fabio, und Tina verschwindet. Ich kaue weiter, bis ich plötzlich seine Hand auf meinem Arm spüre. Ich drehe mich um und blicke in seine Augen.

»Alles okay, Sina?«, fragt er leise und schiebt mit dem Mittelfinger seine Brille hoch.

Ich nicke. Nebenan im Wohnzimmer spielen sie mein Lieblingslied von Madonna.

Der letzte Soundcheck ist vorbei, alles scheint gut zu gehen. Trotzdem habe ich wahnsinniges Lampenfieber, mein Herz hämmert wie verrückt, aber nicht vor Angst, sondern aus Vorfreude. Wir sind die erste Band, die zu diesem Wettbewerb antritt, die »Girlfriends«, die einzige Mädchenband unserer Schule. Melli stimmt schon wieder ihren Bass. Gleich werde ich ihn ihr aus der Hand reißen, sie soll lieber mit mir noch eine Cola trinken, bevor wir anfangen, damit wir unsere Stimmen ölen können. Unsere Drummerin Pia steht schon an der Bar und trommelt mit den Fingern ein kleines Solo auf die Theke.

Dann ist es so weit. Hinter dem Vorhang höre ich, wie sich die Halle langsam füllt. In das Stimmengewirr der Zuschauer hinein tönt Musik von einer CD, nicht zu laut, damit wir nachher mit unserem Livesound nicht schwächer wirken als die Konserve. Noch fünf Minuten bis zum Auftritt! Nachdem wir unsere Cola heruntergestürzt haben, nimmt Melli mich an der Hand und winkt Pia, Alexa und Corinne, die restlichen Musikerinnen, zu uns heran. Lachend stellen wir uns im Kreis auf und legen einander die Arme um die Schultern. »Wir sind die Besten«, flüstere ich, »wir schaffen es!« Dann trampeln wir mit den Füßen auf den Boden, lösen unseren Kreis auf und klatschen einander in die erhobene Hand. Draußen beginnt das Publikum zu johlen und zu pfeifen, damit wir herauskommen. Melli und ich nehmen uns noch einmal in den Arm, dann stürmen wir auf die Bühne, jede an ihren Platz hinter den Mikrofonen. Pia gibt mit ihren Drumsticks den Takt vor, dann setzt Melli ein, dann Alexa und Corinne an Keyboard und Gitarre, und als ich genau an der richtigen Stelle anfange zu singen, spüre ich, wie alle Last der Aufregung von mir abfällt. Ich bin nur noch Stimme, nur noch Gesang. Jetzt tritt Melli zu mir ans Mikrofon, und während wir den Refrain zweistimmig singen, trägt uns die Musik gemeinsam davon wie der Wind die Vögel im April, wir sind leicht und frei.

51,5 kg
Morgens: 1 Tasse ungesüßter Tee
Vormittags: 6 Süßkirschen
Mittags: 1 Portion Apfelmus (ca. 200g)
Nachmittags: nichts
Abends: 1 Glas Mineralwasser

Ich habe zugenommen nach dieser ungeheuerlichen Pizza. Ich wusste es ja gleich! In der Nacht nach Mellis Fete konnte ich kaum schlafen, so voll gefressen fühlte ich mich. Dieser ganze fette Klumpen aus Teig, Salami und Käse rumorte in mir, und ich glaubte zu spüren, wie meine Oberschenkel gleich wieder von Minute zu Minute an Umfang zunahmen. Auch mein Bauch, der nach dem Schwimmen so schön flach gewesen war, mein ganzer Stolz, lag in dicken Wülsten unter meiner Hand, als ich ihn voller Angst abtastete.

Den ganzen Abend lang hat Melli mich wie ein Luchs beobachtet, ich konnte mich kaum frei bewegen. Nur ein einziges Mal habe ich getanzt, ansonsten hat sie mir ständig Schüsseln voller Erdnüsse, Chips und anderer Kalorienbomben unter die Nase gehalten oder mir klebrig-süße Getränke eingegossen. Keine Chance, auch nur eine einzige Kalorie wieder zu verbrauchen. Mir ist jetzt noch ganz schlecht von all dem Zeug.

Unter dem Vorwand, an der Lateinübersetzung noch schnell was verbessern zu müssen, nehme ich mir meinen Frühstücksteller mit in mein Zimmer, um wenigstens bei dieser Mahlzeit meine Ruhe zu haben. Den Toast werfe ich sofort in den Papierkorb, nur den Tee trinke ich aus. Erst als ich auf den Stundenplan sehe, steigt meine Laune wieder etwas. Nach Latein haben wir gleich Sport, da werde ich zumindest etwas Ballast wieder los. Danach kommt Englisch, da müssten wir die Arbeit von letzter Woche zurückbekommen. Ich hatte ein gutes Gefühl.

Wenn ich es geschickt anstelle, kann ich mich für den Nachmittag mit Melli verabreden, um sie wieder etwas versöhnlich zu stimmen. Dennoch gibt mir der Gedanke an sie einen leichten Stich. Wollte sie mich nicht bei meiner Diät unterstützen? Wie konnte sie dann derart darauf beharren, dass ich Pizza und Erdnüsse in mich hineinstopfe, so wie sie es gestern getan hat?

In der dritten Stunde kommt der Tiefschlag. Meine Englischarbeit ist keine Eins geworden, wie ich es mir eingebildet hatte, sondern eine schwache Vier.

»Du hast in letzter Zeit nachgelassen, Sina Wagenknecht«, sülzt Mrs Devon, unsere Englischlehrerin, auf mich ein. »Auch am Unterrichtsgespräch beteiligst du dich kaum noch, wirkst oft unkonzentriert. Ich bin sehr enttäuscht. Vor allem weil ich weiß, dass du eigentlich mehr kannst.« Sie legt mein Heft vor mich auf den Tisch und wirft mir einen vorwurfsvollen Blick zu. Ich habe das Gefühl, die ganze Klasse starrt mich an. Mich, die Beste in diesem Fach, an deren Supernote nie etwas zu rütteln war! Ich verstehe das alles nicht. Ich habe mich doch bemüht! Stundenlang gepaukt habe ich für diese blöde Arbeit, statt wie Melli ewig im Freibad die unmöglichsten Typen um mich zu versammeln oder wie der Rest der Welt pausenlos Essen in mich hineinzustopfen, ohne dafür was zu leisten.

Während ich wie erstarrt auf die fette rote Vier blicke, füllen sich meine Augen mit Tränen. Plötzlich sehe ich mich wieder zu Hause an meinem Schreibtisch sitzen, an jenem Nachmittag, als ich so intensiv Vokabeln und Grammatik geübt habe. Doch mit einem Schlag weiß ich ganz genau, weshalb diese Englischarbeit in die Hosen ging: Habe ich nicht die ganze Zeit über nur ans Essen gedacht wie all die anderen gierigen, gefräßigen Menschen um mich herum? Lernte ich nicht statt der Zeitformen von »*to suffer*« stundenlang heimlich Kalorienangaben von Dingen auswendig, die meine Figur ohnehin nur ruinieren? Mir war ja regelrecht schwindlig gewesen vor lauter Gier, einfach unmöglich! Ich könnte mir in den Hintern beißen! Gleich heute Mittag werde ich noch weniger essen als sonst. Mit einem völlig überfressenen, dicken Bauch kann ich nun mal nicht lernen, und wenn ich im Zeugnis nicht wenigstens eine Zwei in Englisch bekomme, raste ich aus.

Als ich beim Pausenklingeln das Arbeitsheft einpacke, beuge ich meinen Kopf so tief hinunter, dass meine Haare mein Gesicht verdecken, denn niemand soll sehen, dass ich heule. Bald habe ich mich wieder etwas gefangen und richte mich auf, um nach Melli zu schauen, die mich bei Mrs Devons Worten ganz bestürzt angesehen hat.

Doch Melli ist schon weg.

Meine Mutter sieht demonstrativ an mir vorbei, als ich kurz ins Esszimmer schaue, wo sie und Felix sich gerade zum Mittagessen hingesetzt haben. Es gibt Chili con Carne. In mir wüten wahnsinniger Hunger und Widerwillen zugleich, als mir der Duft von Paprika, Tomaten und Knoblauch in die Nase steigt. Einen Augenblick lang zögere ich, verwundert, dass Mama mich heute gar nicht zum Essen nötigt. Auch als ich nach einem Schälchen Apfelmus greife, das für den Nachtisch noch auf dem Tablett steht, und murmele, dass ich keinen großen Hunger habe, antwortet sie nicht. Nur Felix verdreht die Augen und schaufelt weiter die rote Suppe mit vielen dicken Bohnen in sich hinein. Schon überlege ich, ob ich mich nicht einfach hinsetzen und essen soll, doch dann denke ich gleich wieder daran, dass ich weit davon entfernt bin, die Pizza wieder loszuwerden. Der Gedanke, die Waage könnte morgen früh noch mehr anzeigen als heute, lässt gleich mein Herz wie verrückt rasen. Es geht wirklich nicht.

Als auch auf meine Bemerkung, ich müsse wieder so viel lernen, keine Antwort kommt, schließe ich leise die Tür und gehe in mein Zimmer.

Das Apfelmus hebe ich mir noch ein bisschen auf. Erst warte ich darauf, dass das nagende Hungergefühl in meinem Bauch, ohne das ich nicht mehr ich selbst bin, noch stärker wird. Jetzt, wo ich nicht mehr vor Mamas gedecktem Tisch stehe, ist es nicht mehr so schlimm. Erleichtert stelle ich fest, dass mich sogar wieder eine Spur dieses leisen Triumphgefühls beschleicht, das ich jedes Mal bekomme, wenn ich mich wieder einmal selbst besiegt habe, es geschafft habe, der beschämenden Gier nach Essen zu widerstehen. Mit meinen 51,5 kg bin ich zwar immer noch zu dick, aber Mama hat bestimmt nicht mehr so wenig gewogen, seit sie zwölf oder dreizehn war. Auch Felix wiegt inzwischen bestimmt mehr als ich.

Einen kleinen Teelöffel voll Apfelmus nasche ich jetzt doch. Wenn man nicht alles wie ein Raubtier in sich hineinschlingt, isst man viel mehr mit Genuss. Ich jedenfalls spüre mit Wonne das kühle Mus auf meiner Zunge, den Hauch von Zimt in dem süßsauren Fruchtgeschmack. Der nächste Löffel wird schon etwas großzügiger, doch nun stelle ich fest, dass viel zu viel Zucker an diesem Apfelmus ist. Wie blödsinnig, als ob Äpfel nicht schon genügend eigene Süße hätten. Morgen werde ich Mama vorschlagen, dass ich wieder einmal selbst koche. Bei mir wird nicht alles völlig verzuckert und überfettet!

Schließlich stelle ich das Schälchen in meine Schreibtischschublade und beginne mit der Berichtigung der versiebten Englischarbeit. Was für blöde Fehler ich gemacht habe! Während ich den Füller aufschraube, um alle vermurksten Wörter noch einmal richtig hinzuschreiben, rieselt mir eine Gänsehaut den Rücken hinunter. Überhaupt ist mir heute ständig kalt, obwohl draußen noch immer hochsommerliches Wetter herrscht und auch mein Zimmerthermometer 26 Grad Celsius anzeigt. Meine Fingerspitzen fühlen sich an wie Eiszapfen, meine Zehen auch. Rasch ziehe ich mir etwas Wärmeres an, um keine Blasenentzündung zu bekommen, denn das wäre furchtbar – ich könnte dann nicht schwimmen gehen. Mandy, die zusammengerollt auf meinem Bett gelegen hat, gähnt und reckt sich, um mir gleich darauf miauend auf den Schoß zu springen. Zwei Löffel Apfelmus schiebe ich mir noch in den Mund, als mein Magen plötzlich so laut knurrt, dass ich Angst habe, man könnte es bis ins Nebenzimmer hören. Den Rest werde ich mir einteilen. Dann arbeite ich weiter, so konzentriert ich kann, damit ich später noch genug Zeit fürs Hallenbad habe.

Zwei Tage, bevor die Sommerferien anfangen, kommt meine Oma zu Besuch, ohne Opa. Das macht sie jedes Jahr, weil sie sehen will, wie unsere Zeugnisse ausgefallen sind. Nie können wir gleich am ersten Tag verreisen, wie alle anderen es tun, sondern müssen in der Julihitze ewig mit ihr durch alle möglichen Parks und Gärten latschen und Kaffee trinken gehen. Felix ist jedes Mal selig, weil Oma ihm so viel Eis kauft, wie er will, aber mir wird beim bloßen Gedanken daran schon schlecht. Vor allem wenn ich mir ausmale, wie viel ich jeweils hinterher ackern muss, um diese Massen völlig unnötiger Kalorien wieder loszuwerden. Nur so kann ich vermeiden, nach einem Fressgelage gleich wieder zuzunehmen wie nach Mellis Fete. Auch gestern habe ich die Sportstunde in der Schule noch weit in die Pause hinein ausgedehnt und weiter Gymnastik gemacht, während die anderen bereits duschten. Am Ende kam schon die nächste Klasse in die Halle und Frau Herrmann guckte ganz komisch. Ich musste mich ungewaschen schnell umziehen und zum Physikunterricht stürmen. Früher hätte ich das nie gemacht, aber seit ich nicht mehr ganz so fett bin, schwitze und stinke ich zumindest auch nicht mehr so krass. Meistens ist mir kalt.

So läuft mir auch gleich wieder ein Schauer über den Rücken, als ich ins Wohnzimmer komme. Im Flur wäre ich beinahe über Omas Koffer gestolpert, also muss sie gerade angekommen sein. Sie sitzt mit dem Rücken zu mir am Tisch und fächelt sich mit einer zusammengefalteten Serviette Luft zu.

»Wie ihr diese stehende Luft in der Großstadt aushaltet, frage ich mich«, keucht sie und sieht Mama vorwurfsvoll an, als hätte sie diesen Jahrhundertsommer extra Omas wegen bestellt. Mama springt sofort schuldbewusst auf und öffnet eine kleine Flasche Wasser für sie. Dann gehe ich zu Oma, lächle artig und strecke ihr zur Begrüßung die Hand entgegen.

»Mein Gott, Kind!« Als sie mich sieht, reißt Oma ihre Augen auf und schlägt sich mit der Hand auf den Mund. »Du bist ja ganz dürr geworden! Was hast du denn?«

»Ich?« Mit hochgezogenen Schultern sehe ich sie an. »Nichts, wieso? Bisschen viel Schulstress vielleicht.«

»Aber Sina, Mädchen, als ich dich bei Opas Geburtstag gesehen habe... Wie lange ist das her? Vier Monate? Da warst du doch noch – ich weiß nicht. Und wie blass du bist bei dem Sonnenschein! Brigitte, warst du denn noch nicht mit ihr beim Arzt?«

»Ach was.« Mama sieht sie teils ärgerlich, teils verlegen an. »Du hörst doch, was Sina sagt. Die Anforderungen in der Schule sind ja heutzutage wirklich kein Pappenstiel. Das kann schon mal ein bisschen an die Substanz gehen. Sie ist ja sehr ehrgeizig. Ich schimpfe ja auch, wenn sie vor lauter Lernen vergisst zu essen.«

»Brigitte, nun mach mir doch nichts vor!« Oma stampft wütend mit dem Fuß auf, ihre dicken Waden wabbeln dabei hin und her. Dann nimmt sie doch noch meine Hand und lässt sie gar nicht mehr los. »Das Kind wiegt bestimmt zehn Kilo weniger als im Mai. Sie sieht erschreckend aus, und diese dünnen Finger, jeden Knochen fühlt man! Da ist bestimmt was mit der Schilddrüse nicht in Ordnung. Ihr solltet wirklich mal zu eurem Hausarzt gehen.«

Ich spüre, wie heiße Tränen hinter meinen Augen aufsteigen, und wende mich ab, aber Oma merkt es nicht einmal und Mama auch nicht.

»Das wäre ja noch schöner!«, ereifert sich Mama. »Besser als sie es hat, geht es ja gar nicht mehr! Sie ist gut in der Schule, hat eine heile Familie, ein schönes Zimmer, bekommt jeden Tag frisch gekochtes Essen vorgesetzt, besser geht es gar nicht! Die jungen Mädchen wollen doch heute alle schlank sein! Ihre Freundin Melanie ist auch so eine Hungerharke. Da kann man nichts machen.«

»Dass du ihr das durchgehen lässt!« Oma schüttelt den Kopf. »Heute Abend lade ich euch alle einmal in ein schönes Restaurant ein und für unser Sinchen bestelle ich eine extra große Portion. Sie muss doch wieder was auf die Rippen kriegen!«

Ich reiße meine Hand aus ihrer und stürme aus dem Haus, ich renne und renne unsere Straße hinunter. Warum können die mich alle nicht einfach in Ruhe lassen, jetzt auch noch Oma, gibt es denn kein anderes Thema mehr als nur meine Nahrungsaufnahme. Ständig soll ich zum Essen gezwungen werden, alle wollen mir weismachen, dass ich nur als fette Kuh liebenswert bin, dass ich nur gemocht werde, wenn ich diese ewige Völlerei mitmache, immer schön brav und angepasst meinen Teller leer esse, egal ob meine Oberschenkel durch die Gegend schwabbeln, mein Bauch in Wülsten herabhängt, mein Gesicht in einem Doppelkinn endet. Kein Schwein interessiert sich doch für meine Persönlichkeit, für das, was ich denke und fühle, wonach ich mich sehne, wovor ich Angst habe. Nur wie viel ich esse, ist denen wichtig! Das ist doch krank, einen Menschen nach der Menge der verzehrten Nahrung zu beurteilen! Ich halte das alles nicht mehr aus!

Langsam sinke ich in die Kissen zurück. Meine Mama wischt mir mit einem feuchten Tuch über die heiße Stirn und streicht mir übers Haar. Unsere ganze Familie hat diesen Magen-Darm-Virus, aber bei mir ist es am schlimmsten. Jetzt, nach dem Spucken, geht es mir zum ersten Mal etwas besser.

Am Nachmittag kommt meine Oma. Mama hat ihr am Telefon gesagt, sie solle damit lieber noch ein paar Tage warten, um sich nicht auch noch anzustecken. Doch nun ist sie da, wuselt um uns herum und hat ständig neue Ideen, was ich essen soll, um wieder gesund zu werden. Am ekligsten war die Haferflockensuppe. Oma hat sie mit Salz gemacht. Mama und ich essen so was, wenn überhaupt, nur mit Zucker. Und ich habe ohnehin viel mehr Appetit auf Nudeln mit Tomatensoße.

»Natürlich bekommt sie die, wenn sie möchte«, sagt Mama zu Oma. »Nur weil du auf Haferflocken schwörst, muss das noch lange nicht für uns gelten. Wenn sie Nudeln essen möchte, wird sie sie auch vertragen.«

Sie stopft mir lauter Kissen in den Rücken, damit ich beim Essen bequemer sitze. Auf dem Tablett mit den lecker dampfenden Nudeln liegt ein Brief für mich.

»Von deiner Klasse«, sagt Mama und lächelt. »Ich glaube, die warten schon alle darauf, dass du wieder gesund wirst.«

Nach einigen hundert Metern Rennen keuche und japse ich, vor meinen Augen tanzen Sterne, ich muss langsamer gehen. Wahrscheinlich habe ich immer noch nicht genug trainiert, muss noch an Kondition zulegen, wiege bestimmt auch noch zu viel für einen vernünftigen Langstreckenlauf. Unauffällig, damit mich nicht die ganze Straße anstarrt, mache ich ein paar von den Übungen, die Frau Herrmann uns gegen Seitenstechen beigebracht hat. Als sich mein Atem etwas beruhigt hat, schaue ich mich um und stelle fest, dass ich vor einer Apotheke stehe. Im Schaufenster lacht mir das Foto einer schlanken jungen Frau entgegen, die leichtfüßig in die Luft springt. »Völlegefühl? Blähungen? Verstopfung?«, steht in großen Buchstaben darunter. »Ultralax hilft! Schnell.«

Ich betrete die Apotheke und grinse in mich hinein. Ausgetrickst, Oma! Stopf mich nur voll! Die Abführmittel werden schon dafür sorgen, dass nichts ansetzt. Genussvoll stelle ich mir vor, wie all das fette Essen einfach durch meinen Körper plumpst, ohne irgendwo hängen zu bleiben, und feindliche Kalorien dazu bringt, sich überall an mir in Form von Speckschichten festzusetzen.

44,5 kg
Morgens: 1 Tasse Tee (ungesüßt),
1/2 Brötchen mit Butter und Honig
Vormittags: nichts
Mittags: 50 g gekochter Reis,
1 Esslöffel Currysauce (mit Wasser verdünnt),
ca. 20 g Hühnerbrustfilet ohne Haut
1 Teelöffel frische Ananas
Nachmittags: nichts
Abends: zwei kleine Gabeln voll grünem Salat

»Wie du aussiehst.« Mamas Stimme klingt gereizt. »Wie eine ganz dürre Ziege.« Mit heftigen Armbewegungen sortiert sie die Wäsche auf dem gekachelten Badezimmerfußboden, dreißig, sechzig, fünfundneunzig Grad. Ich stehe in Unterwäsche hinter ihr am Waschbecken und antworte nicht. Es ist sechs Uhr morgens und noch dunkel draußen. Beim Aufstehen war mir etwas schwindlig gewesen, und nachdem ich mich minutenlang am Heizungsrohr festgehalten hatte, um abzuwarten, bis mein Kreislauf in Gang gekommen ist, habe ich vergessen, mich im Bad einzuriegeln. Wenn ich Mama jetzt bitte, mich allein zu lassen, gibt es bestimmt erst recht wieder Streit. Meine Katze Mandy hat sich unter einem der drei Wäscheberge versteckt. Ich schicke sie sanft hinaus.

»Ich möchte bloß wissen, wie das weitergehen soll mit dir«, fährt Mama fort. »Deine Freundinnen essen doch auch alle vernünftig. Schau dir Melli an oder Tina. Richtig blühende, frische Mädchen sind das. Und du? Sieh nur mal in den Spiegel!«

Ich öffne die beschlagene Spiegeltür unseres Alibert-Schränkchens, wische sie blank und klappe sie zu mir, bis ich meine Mutter darin sehe. Ich betrachte ihr weißes, tagescremeglänzendes Gesicht, das eng anliegende, fleischfarbene Mieder aus Polyester, die schwabbeligen Oberschenkel.

»Hauptsache, ich werde nicht wie du.« Ich klappe die Spiegeltür wieder zu, lasse eiskaltes Wasser in das Becken laufen und tauche mein Gesicht hinein.

»Deine Mutter hat zwei Kinder zur Welt gebracht und ein Leben lang hart gearbeitet. Das bleibt nicht ohne Spuren. Aber da kannst du noch gar nicht mitreden, und das wirst du auch niemals schaffen, so wie du herumläufst.« Mama presst ihre Lippen zusammen und stopft die Kochwäsche in die Maschine. »Bis vor ein paar Monaten haben die Nachbarn immer zu mir gesagt, also Ihre Tochter, die hat sich aber prima herausgemacht. Inzwischen haben sie längst damit aufgehört. Du hast keinen Busen und keinen Hintern mehr.«

»Ich will auch nicht herumlaufen wie eine Kuh mit Euter, nur damit die was zum Tratschen haben.« Ich beginne, mein langes dunkelblondes Haar zu bürsten. Ich gefalle mir. Seit ich abgenommen habe, wirken meine grünen Augen größer, vielsagender. Die Wangenknochen treten stärker hervor und verleihen meinem Gesicht einen interessanten Ausdruck.

»Mit deinen eingefallenen Wangen siehst du halb verhungert aus. Das haben wir doch nicht nötig, Mensch!« Mama schlägt die Tür der Waschmaschine zu und wählt das Programm.

»Dir mag es gleichgültig sein, was die Leute denken. Aber das fällt doch alles auf mich zurück. Glaubst du, mir macht es Spaß, wenn draußen geredet wird, du bekämst nicht genug zu essen bei mir?«

»Was für Fressorgien hier stattfinden, sehen deine wahnsinnig wichtigen Nachbarn doch an Papa, dir und Felix. Das reicht doch. Außerdem kann ich selbst entscheiden, wie viel ich esse, Mama. In vier Monaten werde ich sechzehn.«

»Siehst aber aus wie eine Zwölfjährige.« Bei dem Wort »zwölf« werden ihre Lippen ganz spitz. »So nimmt dich doch keiner mehr ernst.«

»Ich war das ganze Jahr über stellvertretende Klassensprecherin.«

»Die werden sich schön eine andere suchen, wenn du erst aus den Latschen kippst. Beeil dich jetzt, das Frühstück wartet.«

Ich wasche mich sorgfältig, als meine Mutter endlich draußen ist. Langsam lasse ich einen heißen, feuchten Waschlappen über meinen Körper gleiten, fühle die Rippen, die Beckenknochen, meine schmalen Knie. Ja, so will ich sein, eher sogar noch dünner – wie Jörg aus meiner Klasse, der essen kann, so viel er will, und nicht zunimmt. Noch zwei oder drei Kilo weniger, dann werde ich schon ziemlich nah an meiner Traumfigur dran sein. Das werde ich auch noch schaffen und danach kann ich ruhig auch mal wieder etwas mehr essen.

Mama sitzt bereits über dem zweiten Brötchen, als ich in die Küche trete. Auch auf meinem Teller liegt eines, dick mit Butter und Honig beschmiert, daneben ein Ei und ein großer Becher Sahnejogurt.

»Igitt.« Ich wende mich ab und gieße schwarzen Kaffee in

meine Tasse. Dabei stelle ich mir vor, wie die Butter beim Abbeißen zwischen meinen Zähnen hervortreten wird. Es würgt mich regelrecht im Hals. »Ich kann mein Brötchen allein schmieren.«

»Wenn ich nicht aufpasse, isst du doch wieder den ganzen Tag nichts.«

»In der großen Pause kann ich mir im Schulgarten einen Apfel holen.« Ich setze mich gar nicht erst, sondern trinke meinen Kaffee im Stehen. Das verbraucht pro Minute sechs Kalorien mehr.

»Einen Apfel, einen Apfel! Das ist doch keine Mahlzeit.« Mama drückt mich auf den Stuhl. »Du bleibst jetzt sitzen und isst!«

»Ich bin wirklich nicht hungrig, Mutti. So früh am Morgen bekommen viele Menschen noch nichts hinunter.«

Dennoch beginne ich zu kauen. Ich esse schweigend, während Tränen über meine Wangen laufen und den Honig auf meinem Brötchen versalzen.

»Nun tu nicht so, als hätte ich dir wer weiß was Schlimmes angetan«, sagt Mama und wickelt ein Salamibrot für mich in Alufolie, dann eines für Felix, der erst eine Stunde später zur Schule muss und noch pennt. »Von dem einen Honigbrötchen wirst du ja wohl nicht gleich dick.«

»Du brauchst mir aber nicht alles vorzukauen wie einem Baby.«

»Ach, soll ich etwa zuschauen, wie du dich mit deinem Schlankheitsfimmel zugrunde richtest?«

»Jedes Gespräch mit dir dreht sich nur ums Essen. Das kotzt mich an.«

»Dein Problem. So lange, bis du wieder vernünftig bist, wird das auch so bleiben.« Mama steht auf.

Ich nehme Mandy hoch, die am Tisch gebettelt hat, und trage sie in mein Zimmer, wo ich mich noch einmal kurz aufs Bett lege und mein Gesicht in dem warmen, weichen Fell des Tieres vergrabe. Dann öffne ich vorsichtig den Jogurtbecher und halte ihn der Katze hin. Mandy stürzt sich begeistert auf das unerwartete Zusatzfutter. Ich atme tief durch.

Mindestens zweihundert Kalorien habe ich doch noch gespart.

An den letzten zwei Tagen vor den Ferien passiert im Unterricht zum Glück nicht mehr viel. Die Lehrer frühstücken mit uns im Klassenraum, gehen mit uns in den nahe gelegenen Stadtpark, wo wir uns auf den Rasen setzen und über aktuelle Themen diskutieren. Nur Herrn Winter, unserem Erdkundelehrer ist sogar das zu viel. Statt Büchern und Atlanten schleppt er nur noch Videokassetten mit sich herum und ist Dauermieter im Filmraum.

»Also, Leute, ich hab hier mal einen Streifen über die Armut in den Ländern der so genannten Dritten Welt für euch rausgesucht«, beginnt er und wandert in seinen Gesundheitslatschen durch die Reihen. »Viele Bilder sind erschreckend, aber das gehört ganz bewusst zur Intention der Filmemacher. Finde ich total wichtig, so was. Viele von euch werden ab übermorgen um den halben Erdball jetten, um sich zu vergnügen, aber gerade dann müsst ihr euch das echt mal bewusst machen, wie die Leute in genau den Ländern hungern und leiden, die wir zur Erholung aufsuchen. Alles klar? Dann Licht aus.«

Ich habe mich in die letzte Reihe gesetzt, der Platz neben mir ist frei. Aus den Augenwinkeln sehe ich Melli mit Tina lachen und flüstern. Dann beginnt der Film. Anscheinend geht es um Afrika, zumindest den Bäumen und Tieren nach, die am

Anfang zu sehen sind. Ein traumhaft schönes Gebiet, und immer warm. Ich habe schon wieder eiskalte Hände, obwohl ich über meinem Shirt noch zwei Pullover trage und die Ärmel bis über meine Finger ziehe.

Plötzlich kommen ganz andere Bilder. Ich rutsche auf meinem Stuhl ganz nach vorn an die Kante, das harte Holz drückt sich in meinen Hintern, das passt zu den Szenen, die ich sehe. Männer und Frauen, die fast nackt sind und so dünn, dass ihre Haut in faltigen Lappen herunterhängt. Kleine Kinder mit aufgeblähten Bäuchen und Streichholzbeinen laufen weinend um sie herum, in den dünnen Händchen schmutzige kleine Holzschüsseln, die eigentlich mit Nahrung gefüllt sein sollten. Die Worte des Kommentators höre ich gar nicht, denn nun kommt ein junges Mädchen ins Bild. Ihr genaues Alter kann ich nicht schätzen, doch sie ist kein Kind mehr, wirkt aber auch noch nicht so alt wie die anderen Frauen. Ihre Augen sehen unendlich traurig in die Kamera, in den bleistiftdünnen braunen Armen hält sie ein Baby, das müde an ihren welken Brüsten saugt.

Im Filmraum wird es ganz still, alle starren entsetzt auf die Leinwand. Nur ganz vorne neben der Tür beginnt jemand zu lachen.

»Hauptdarstellerin: Sina Wagenknecht«, prustet Kevin in die Stille hinein, »das lebende Knochengerippe.«

»Stimmt doch gar nicht«, grölt Dennis zurück, »Sina hat noch kein Baby. Die ist bestimmt unfruchtbar.«

Ich sitze wie angewurzelt da, in meinen Ohren fühle ich ein heißes Rauschen, gleichzeitig fange ich an zu zittern, während fast die ganze Klasse zu gackern anfängt, als wäre das eben der Witz des Jahres gewesen.

»Haltet doch die Fresse«, schreit Melli in die zwanzig

lachenden Stimmen hinein und springt von ihrem Stuhl auf.
»Seid ihr bekloppt?! Herr Winter, sagen Sie doch mal was!«

Aber Herr Winter sagt nichts. Er macht nur »Psssst« wie die Musiklehrerin immer.

»Ist das gemein!«, höre ich Melli leise zu Tina sagen. Insgeheim warte ich darauf, dass sie zu mir herüberkommt und sich neben mich setzt.

Doch Melli setzt sich wieder hin und der Platz neben mir bleibt leer.

»Sehr schön, Sinchen«, sagt Oma, nachdem sie mein Zeugnis ausgiebig studiert hat. »Sogar in den Naturwissenschaften alles bestens. Das soll uns erst mal einer nachmachen.«

So ist sie immer. Wenn einer aus der Familie etwas Tolles geleistet hat, lobt sie sich gleich mit, als ob sie wer weiß was dazu beigetragen hätte. Hat sie hingegen was zu meckern, geht es um »deine Tochter« oder »euren Vater«.

Dann überfliegt sie den Zeugniskopf, der in der neunten Klasse natürlich nicht mehr so umfangreich ausfällt wie in den ersten Grundschuljahren, aber irgendeinen Satz ringt Herr Winter sich doch immer zu jedem von uns ab.

»Sinas weiterhin zunehmender Leistungswille hat es ihr ermöglicht, ihre guten Noten besonders im schriftlichen Bereich und im Sportunterricht noch zu steigern«, liest Oma vor. »Jedoch sollte sie darauf achten, dass ihre sozialen Kontakte zu den Mitschülern nicht unter ihrem starken Ehrgeiz leiden.«

»Leistungswille, starker Ehrgeiz. Na also!« Mama lächelt stolz, nachdem Oma ihr mein Zeugnis weitergereicht hat. »Habe ich ja gesagt! Und du hast geglaubt, das Mädchen hätte Probleme. Solche Traumnoten schafft nun mal nur ein stabiler, gesunder junger Mensch.« Sie holt ihre Handtasche aus dem Flur, öffnet ihr Portmonee und schenkt mir zwanzig Euro. »Kauf dir eine hübsche Bluse«, sagt sie und zwinkert mir mit einem »Ihr-jungen-Dinger-wollt-euch-ja-auch-mal-flott-zurechtmachen«-Blick zu. Dabei sehe ich genau die Szene vor mir, die sich hier abspielen würde, wenn ich mit einem Top nach Hause käme, das ich *wirklich* gern hätte. Garantiert stellt sie sich unter »Hübscher Bluse« was ganz anderes vor. Also nehme ich ihr das sorgsam in eine Dokumentenhülle geschobene Zeugnis aus der Hand und lege es auf Papas Platz am Esstisch, damit er es heute Abend gleich unterschreiben kann. Dann schiebe ich den Geldschein in meine Hosentasche und rechne heimlich nach, wie viele Schachteln Abführmittel ich dafür bekomme.

»Kannst du denn nicht ein einziges Mal einfach ganz normal essen?«, fragt Mama mich einige Abende nach Omas Abreise, als ich vor einem kleinen Schälchen mit grünem Salat sitze und mit meiner Gabel versuche, das Öldressing von den Blättern zu schaben. »Es sind doch jetzt Ferien, der Schulstress ist vorbei. Jeden Tag gehst du stundenlang schwimmen. Du musst doch Hunger haben.«

Ich sehe sie nicht an, während ich ein winziges Blättchen aufspieße, in meinen Mund schiebe und darauf herumkaue, so lange ich kann. »Ich habe bloß vorhin noch Melli getroffen, da sind wir ganz spontan zum Türken gegangen. Du weißt doch, wie satt ein Döner macht.« Ich glaube es schon fast selber, doch als mein Magen knurrt, räuspere ich mich schnell, damit es niemand hört.

»Döner? Wieso hast du mir keinen mitgebracht?«, motzt Felix mit vollem Mund. Ich habe keine Lust zurückzumeckern, dazu bin ich heute irgendwie zu schlapp. Um ihn ein bisschen versöhnlich zu stimmen, angele ich die Tunfischstückchen aus meinem Salat und lege sie auf seinen Teller. »Mach ich nächstes Mal. Ich wollte nicht, dass Mama ganz umsonst Abendbrot macht.«

»Wenn ihr so gerne Döner esst, holen wir eben mal für die ganze Familie welchen«, schlägt Mama vor. »Wenn ihr Ferien habt, mach ich eben auch mal Ferien vom Kochen.«

»Ich koche auch gern mal wieder für alle«, erwidere ich eifrig und trinke einen Schluck Wasser. So wird das Nagen in meinem Bauch etwas erträglicher. »Neulich habe ich ein ganz tolles Rezept entdeckt: Spagettisauce mit Sahne, Lachs und Basilikum. Klingt doch total lecker, oder?«

»Dann isst du ja doch wieder nichts.« Mama sieht mich mit halb besorgten, halb zornigen Augen von der Seite an. »Einmal in der Küche den Löffel ablecken, und dann meinst du, es ist genug. Sogar Oma ist es aufgefallen, wie dünn du geworden bist und auch blass. Aber das Spagettirezept gib mal lieber mir, damit ich dich ein bisschen aufpäppeln kann!«

»Erst sagst du, du willst nicht kochen...« Ich beiße noch einmal von einem Salatblättchen ab. Bisher ist es mir immer irgendwie gelungen, mich um die Mahlzeiten herumzutricksen, dann schaffe ich das auch weiterhin. »Aber lass mich wenigstens die Zutaten einkaufen gehen, ja? Vielleicht sehe ich unterwegs noch andere leckere Sachen, auf die ich Appetit habe.«

»Das höre ich gern, Sina.« Mama atmet erleichtert auf und reicht meinem Vater die Butter hinüber. »Geh am besten gleich morgen Vormittag. Du kannst alles einkaufen, was du essen möchtest.«

»Aber nicht nur so ein mageres Kaninchenfutter«, grummelt Felix zwischen zwei Gabeln voll Tunfisch.

42 kg
Morgens: 1 Tasse schwarzen Tee, ungesüßt
Vormittags: nichts
Mittags: 1 Tasse Hühnerbrühe (Instant)
Nachmittags: 2 Tassen schwarzer Kaffee (ungesüßt),
5 Salzstangen
Abends: 1 Glas Mineralwasser

Mir ist schlotterkalt. Seit mindestens zwei Stunden versuche ich nun schon, mich so fest in meine Bettdecke einzuwickeln, wie ich kann, und trotzdem wird es nicht wärmer. Geschlafen habe ich heute Nacht auch kaum, genau wie in den Nächten davor. Meisten habe ich Magenkrämpfe und renne dauernd aufs Klo: Wenigstens die Abführmittel zeigen also Wirkung. Wahrscheinlich kommt auch meine Regelblutung bald, zumindest wird es langsam mal Zeit. Ich hatte sie schon ewig nicht mehr.

Wenn mein Magen ganz leer ist, fühlt sich alles in mir wund an, dennoch fühle ich mich befreit. Während ich wach liege, lausche ich dem vertrauten Knurren meines Magens und male mir aus, was ich alles essen werde, wenn ich erst richtig schlank bin. Vorhin habe ich Gymnastik gemacht, allein, im Dunkeln, auf dem Teppichboden in meinem Zimmer. Ganz kurz denke ich an Fabio, aber kalt ist mir trotzdem. Eine halbe Stunde, bevor mein Wecker klingelt, stehe ich auf und lasse mir heißes Badewasser einlaufen. Als ich endlich in der

Wanne liege, endlich auftaue und spüre, wie ich von Minute zu Minute weicher werde, fange ich an zu weinen. Ich bin froh, dass mich niemand sieht und nach dem Grund fragt. Ich hätte keine Antwort gewusst.

Auf dem Weg zum Supermarkt stoße ich beinahe mit Fabio zusammen, der mit einem riesigen Rucksack auf dem Rücken in Richtung Bahnhof geht, in der Hand einen großen Becher Cola aus dem Schnellrestaurant.

»Oh, Sina«, sagt er leise und lächelt zu mir hinunter. »Sorry, dass ich dich nicht gleich gesehen habe.«

»Macht nichts«, antworte ich und spüre, wie mein Herz anfängt zu hämmern. Ich deute auf seinen Rucksack. »Verreist du?«

Fabio nickt. »Ich treffe mich gleich drüben an der Uhr mit meinem Kumpel. Unser Zug geht um halb elf.«

»Wohin fahrt ihr?«

»Wir machen 'ne Tour durch sechs Jugendherbergen in Italien. Ich freu mich schon total. Keine Schule! Und du? Fährst du auch noch weg?«

Ich spüre einen kleinen Stich. Keine Schule, das heißt doch auch, dass wir uns nicht sehen. Anscheinend ist ihm das egal.

»Ja, aber erst in der zweiten Ferienhälfte«, sage ich und ziehe mir meine Strickjacke enger um die Schultern. »An den Bodensee, mit meinen Eltern und meinem Bruder. Nichts Aufregendes also.«

Fabio sieht auf seine Armbanduhr und hebt seine Hand zum Winken, doch dann zögert er. »Sag mal, Sina ... dir geht's im Moment nicht so gut, oder?«

Ich sehe ihn erstaunt an. »Wieso?«

»Ich hab so den Eindruck«, antwortet er und sieht mich

ähnlich besorgt an wie meine Mutter und meine Oma. »Viele sagen das, auch Melli.« Er lässt seinen Blick an mir hinabgleiten, dann flüstert er beinahe. »Du bist so wahnsinnig dünn geworden!«

»Hach, was ihr nur immer alle habt!«, brause ich auf und trete gleich einen Schritt von ihm zurück. »Was ist denn daran schlimm, bitte sehr? Bei Melli mit ihren langen Spinnenbeinen flippen alle aus vor Begeisterung, dieser Enrico und weiß der Kuckuck wer noch alles, und ich soll ewig als fette Seekuh durch die Gegend rennen? Ist es vielleicht ein Verbrechen, wenn man abnehmen will? Wieso darf ich nicht auch dünn sein? Wieso ist das bei anderen normal und toll und bei mir nicht? Wieso?«

Beinahe hätte ich mit beiden Fäusten auf Fabio eingetrommelt, doch er hält gerade noch rechtzeitig meine Handgelenke fest und sieht mich ruhig an.

»Weil es nicht zu dir passt, Sina«, sagt er. »Du bist schon längst viel, viel dünner als Melli. Und das weißt du auch.«

»Pah! Schön wär's«, fauche ich und drehe meinen Kopf zur Seite.

»Nein, sieh mich an«, flüstert Fabio, hält meine Handgelenke dicht vor mein Gesicht und schüttelt sie. »Siehst du, wie viel Platz hier noch ist zwischen meinen Fingern und deinen... Knochen?«

Ich antworte nicht, aber seine Hände kommen mir riesig vor, schön, kräftig und warm. Tatsächlich sehe ich durch die Lücke, die zwischen seinen Fingern und meinen Knöcheln entstanden ist, den Himmel.

»Bei Melli schlackert das nicht so rum«, fährt Fabio fort. »Wir machen uns alle Sorgen um dich, Sina!«

Schon wieder fange ich an zu zittern, doch mit einem Ruck

reiße ich meine Hände aus den seinen. »Dann halte doch mit ihr Händchen, wenn das so toll ist, du Blödmann«, schreie ich. »Du willst ja nur was zum Grabschen haben, hau bloß ab!«

Ein paar Leute drehen sich nach uns um, als ich plötzlich losrenne. In meinen Augen schwimmen Tränen, ich sehe die Straße nicht, aber ich finde meinen Weg auch so. Ich brauche niemanden, nicht einmal Fabio. Ich bin unverwundbar!

Als ich mich noch einmal nach ihm umdrehe, sehe ich nur noch, wie er mit seinem Rucksack in der Menschenmenge verschwindet.

Ich sitze allein in einer dunklen Höhle. Die Wände um mich herum sind kalt, von der Decke fallen leise und regelmäßig Wassertropfen auf meinen Kopf und rinnen mir übers Gesicht. Denkt nur nicht, es wären Tränen, ihr da draußen, die ihr mein Versteck umringt, um mir aufzulauern. Ruft doch, schreit und beschimpft mich nur, ihr kriegt mich nicht! Ihr wollt mich einfangen, mich besitzen, mich kontrollieren, damit ich brav alle eure Wünsche und Erwartungen erfülle, damit ihr stolz sein könnt auf euer Eigentum. Aber seht ihr nicht, dass ich längst geflohen bin? Die Luft hier drinnen ist muffig und wird bald knapp, aber es ist immer noch mehr, als ihr mir zum Atmen lassen würdet, sobald ich wieder draußen wäre. Ich komme nicht raus. Ich werde nicht zulassen, dass ihr mich wieder voll stopft mit dem, was ihr Essen nennt und was in Wirklichkeit nichts anderes ist als eure Wege, die ich gehen soll, eure Ziele, die ich für euch erreichen soll, angepasstes Verhalten, das ich zeigen soll. Damit ihr weiter glauben könnt, es wäre alles in Ordnung. Ja, ruft nur nach mir in eurer ohnmächtigen Wut, trommelt mit Fäusten gegen den Ort meiner Zuflucht, dieses

Mal werdet ihr ihn nicht zum Einstürzen bringen. Meine Zähne schlagen vor Kälte aufeinander, aber hier ist es immer noch wärmer als draußen bei euch. Meine Arme sind wie die eines Skeletts, wenn ich sie um mich schlinge, aber eure sind noch härter, weil sie mich nicht halten, sondern erdrücken. Nahrung ist Liebe und Liebe ist Nahrung, und solange das in eurer Welt keiner begreift, bleibe ich hier, allein mit mir und meinem Hungerstreik. Ich bin gefangen, aber immer noch freier als bei euch.

»Los jetzt, auf die Waage! Und keine Widerrede.« Mama packt mich am Arm und schleift mich aus der Küche bis ins Schlafzimmer, wo unter dem Ehebett unsere digitale Personenwaage steht. Diese Waage ist in den letzten Wochen neben dem Sportbecken in der Schwimmhalle und dem nagenden Hungergefühl im Bauch zu meiner besten Freundin, meiner engsten Vertrauten geworden. Jeden Morgen und jeden Abend stelle ich mich darauf, manchmal auch zwischendurch. Obwohl ich mit dem Ergebnis meistens unzufrieden bin, sind diese Momente doch das Einzige, was meinem Leben noch eine Richtung gibt, ein Ziel. Warum also soll ich mich ausgerechnet jetzt wiegen, wo ich gerade die Inhaltsliste einer Tüte Gemüsebrühe studiere? Ich denke, Mama will, dass ich mehr esse, dann muss ich doch auch wissen, was in meiner Nahrung enthalten ist, oder?

»Ich weiß, wie viel ich wiege, Mama. Das kann ich dir auch so sagen.«

»Ach, dann belügst du mich doch wieder. Ich will es selbst sehen.«

»*Was* mache ich? Ich belüge dich, ja? Und womit, bitte?«

»Komm mit.« Nun zieht sie mich doch an der Schlafzimmertür vorbei – die Waage hatte sie schon unter dem Bett hervorgezerrt – und nun schleift sie mich in mein Zimmer. Mich trifft fast der Schlag. Alle Schranktüren stehen offen, aus sämtlichen Schubladen hat sie den Inhalt herausgezerrt, mein Papierkorb steht umgestülpt auf meinem Bett.

»Deswegen.« Sie hält mir einen Teller mit angetrocknetem Kräuterquark und verschimmelten Kartoffeln unter die Nase. »Den habe ich draußen auf dem Fensterbrett gefunden. Du isst immer beim Hausaufgaben machen, ja?«

»Hab ich nicht ganz geschafft«, sage ich leise, ohne Mama anzusehen. »Tut mir Leid, dass ich den Teller nicht abgewaschen habe.«

Ich will ihn ihr aus der Hand nehmen und wieder in die Küche gehen, aber sie hält mich fest.

»Halt, halt, mein Fräulein. Das war noch nicht alles. Hier!« Sie zerrt hart gewordene Pausenbrote aus meiner Schultasche, holt verfallene, noch geschlossene Jogurtbecher zwischen Stapeln von Wäsche und Papier hervor, zieht unter dem Papierkorb eine Packung Schokoladenkekse heraus, die ebenfalls noch zu ist. »Die andere Hälfte habe ich gerade weggeschmissen«, sagt sie. »Jedes Mal hast du mir weisgemacht, dass du das alles isst. Kein Wort davon ist wahr, so viel weiß ich jetzt. Und deshalb steigst du augenblicklich auf die Waage, und zwar unter meinen Augen.«

»Mama! Ich habe eben öfters mit Melli gegessen, das habe ich dir doch gesagt! Ich bin kein Kleinkind mehr. Es ist doch lächerlich, wenn ich meiner Freundin, die nach der Schule mit mir zur Pommesbude oder zum Italiener gehen will, sagen muss – aber nein, meine Mutter wartet zu Hause mit den Kochtöpfen! So mache ich mich doch vor der ganzen Clique lächerlich! Das hier alles«, ich deute auf das übrig gebliebene

Essen, das nun vor mir liegt, »habe ich mit ins Zimmer genommen, weil du sonst nur gemeckert hättest. Unter Zwang kann ich nun mal nicht essen!«

Statt etwas zu erwidern, packt Mama mich erneut am Arm, und abermals steuern wir das Schlafzimmer und die Waage an. Dann fordert sie mich auf, meine Sachen auszuziehen.

»Nein.« Ich baue mich mit verschränkten Armen vor ihr auf. »Das mache ich nicht. Wir sind doch hier nicht beim Arzt.«

»Dann gehen wir da eben gleich hin.« Mama greift zum schnurlosen Telefon, das auf ihrem Nachttisch liegt. »Wie du willst.«

»Auf keinen Fall!« Ich schreie beinahe. Dann fange ich langsam an, mich auszuziehen, zuerst einen Pullover, dann den zweiten, meine ganzen Zwiebelschichten entblättere ich vor meiner Mutter, bis ich schließlich nackt vor ihr stehe, schutzlos, verletzbar und mit einer Gänsehaut am ganzen Körper. Tränen laufen mir über beide Wangen und ich muss husten. Vielleicht bekomme ich eine Erkältung.

»Mein Gott, Sina!«, flüstert sie und hält sich die Hand vor den Mund. »Du bist ja noch dünner geworden. Was machst du denn nur?« In ihren Augen scheint Traurigkeit auf, Mitgefühl, Zärtlichkeit und Wärme. Sie streckt ihre Hände nach mir aus. Am liebsten möchte ich mich in ihre Arme fallen lassen und hören, dass alles wieder gut wird.

Meine Mama.

Doch dann bückt sie sich und schiebt die Waage vor meine Füße. »Man traut sich ja gar nicht mehr, dich anzufassen«, sagt sie. »Du wiegst doch bestimmt nicht mehr als 45 Kilo.«

Widerwillig steige ich hinauf. 45 Kilo, das ist schon eine

ganze Weile her, denke ich und mache mich so schwer, wie ich kann, damit sie nicht gleich wieder losmeckert. Eigentlich wollte ich noch auf 39 kommen, dann könnte ich meinen Hosengürtel bestimmt am letzten Loch zumachen und mir endlich ab und zu mal wieder etwas Leckeres gönnen. Aber da macht sie mir jetzt sicher einen Strich durch die Rechnung.

»41,2 Kilo! So wenig hast du zuletzt gewogen, als du zehn warst, Mädchen! Das ist doch Wahnsinn.«

Ich zucke mit den Schultern, steige von der Waage und ziehe mich wieder an. »Ich finde mich gut so. Guck dir die ganzen Models in den Zeitschriften an. Die sind auch alle so.«

»Ach, das ist doch was ganz anderes.« Mama stößt die Waage mit dem Fuß zurück unters Bett. »Das gehört bei denen zum Beruf, die müssen so schlank sein, weil die Kleider nun mal alle in Größe 34 – 36 vorgeführt werden. Diese jungen Frauen werden dabei aber ständig ärztlich überwacht, soweit ich weiß, und sie müssen sich auf jeden Fall ausgewogen ernähren und immer genügend Mineralstoffe und Vitamine zu sich nehmen. Aber du ... du isst ja gar nichts, nicht mal Obst, und das schon seit Monaten!«

»Das ist nicht wahr! Wie oft soll ich dir das noch sagen?«

»Bis ich dir wieder vertrauen kann, mein liebes Kind. Und ich fürchte, das dauert noch ziemlich lange.«

Ich verdrehe die Augen und schüttele meine Haare nach hinten. »Darf ich jetzt zu Melli? Wir wollten zufällig heute zusammen frühstücken gehen, wenn das vielleicht noch erlaubt ist.«

Mama überlegt einen Augenblick, dann wirft sie ihre Hände in die Luft. »Bitte«, sagt sie und geht aus dem Zimmer. »Hau doch ab.«

»Musstest du mich da auch noch mit reinziehen?« Melli steht in der Tür und brüllt beinahe den ganzen Hausflur zusammen. »Du hast sie wohl nicht mehr alle, Sina! Du bist ja schon magersüchtig!«

Vor meinen Augen tanzen Sterne, während ich die letzten Stufen zu ihr hochsteige. Warum müssen die auch im dritten Stock wohnen?

»Ich versteh kein Wort. Wo habe ich dich reingezogen?«

»In deine Lügengeschichten! Wir wären dauernd zusammen essen gegangen und all diesen Mist! So viel Taschengeld bekomme ich gar nicht, wie wir angeblich für Pizza und Döner ausgegeben haben. Ist doch klar, dass das auffliegt!«

»Jetzt lass mich doch erst mal rein.« Während ich Mellis Arm wegschiebe, mit dem sie mir die Tür versperrt, muss ich schon wieder husten. »Woher weißt du das alles überhaupt?«

»Mensch, zähl doch mal bis drei!«, stöhnt Melli und geht vor mir her in ihr Zimmer. Wenigstens ist sie so freundlich und macht die Tür hinter uns zu.

»Gerade eben hat deine Mutter hier angerufen. Du bist so klapperdürr, dass jeder Blinde mit dem Krückstock sieht, dass deine Essensgeschichten allesamt erstunken und erlogen sind.«

»Und du hast mich nicht verteidigt?«

»Nein, Sina.« Melli sieht mich mit einem so ernsten Blick an, wie ich ihn von ihr nicht kenne. »Dabei hätte ich kein gutes Gewissen gehabt. Ich kann nicht länger zusehen, wie du dich selber zugrunde richtest.«

»Zugrunde richten, klar. Du wolltest doch damals selber abnehmen, wegen diesem komischen Stringtanga.«

»Sina, das war vor vielen Monaten. Inzwischen wiegst du

satte fünfzehn Kilo weniger als ich und wir sind fast gleich groß. Mein Tanga würde dir von den Hüften bis auf deine knochigen Füße rutschen. Sieh doch endlich ein, dass du krank bist.«

»Blödsinn.« Ich kaue an meinen Fingernägeln herum und überlege fieberhaft, wie ich sie ablenken könnte. Dann fällt mir etwas ein. Ich blicke wieder auf und strahle sie an. »Übrigens habe ich Fabio getroffen, als er gerade verreisen wollte«, beginne ich. »Er sah so süß aus mit dem dicken Rucksack und seiner Jeansjacke. Ich wünschte...«

»Fabio sagt auch, dass du Magersucht hast«, unterbricht mich Melli mit eiskalter Stimme. »Findet er total abschreckend. Soweit ich weiß, geht er seit ungefähr drei Wochen mit einem Mädchen aus der Zehnten.«

Ich halte die Luft an, mir wird abwechselnd heiß und kalt. Auch Melli schweigt. Ich nehme meinen Rucksack vom Boden, hänge ihn mir um die Schultern und gehe.

41,2 kg
Morgens: $1/3$ Salzstange
Vormittags: $1/2$ Glas Selters
Mittags: $1/3$ Salzstange

Zum Glück habe ich wenigstens die Hautkreme mit. Bevor ich mich nach dem Schwimmen wieder anziehe, muss ich mich unbedingt damit einkremen. Meine Haut juckt fürchterlich und schuppt sich an manchen Stellen. Wahrscheinlich kommt das von der Erkältung. Nur heute noch mein Schwimmpensum, danach bleibe ich vielleicht doch mal ein, zwei Tage im Bett, um den Husten auszukurieren. Obwohl es in diesen Umkleidekabinen immer kochend heiß ist, friere ich. An das kalte Wasser mag ich gar nicht denken. Am besten, ich dusche kalt, dann fühlt sich das Wasser im Schwimmbecken bestimmt viel wärmer an.

Als ich den Badeanzug aus meinem Rucksack hole, fällt ein Tampon aus dem vorderen Reißverschlussfach. Ich lege ihn wieder hinein, meine Tage hatte ich irgendwie schon ewig nicht mehr. Aber durch eine Grippe kann sich das schon mal verschieben, und es ist ja nicht gerade so, dass ich damit etwas Tolles versäume. Dass mein Badeanzug so ausgeleiert ist, ärgert mich viel mehr. Aber wie ich Mama kenne, spendiert sie mir erst einen neuen, wenn ich mindestens zwei Zentner wiege. Als Belohnung sozusagen. Aber ködern lasse ich mich nicht!

Schon wieder schüttelt mich die Kälte. Gerade will ich mir die Träger des Badeanzugs über die Schultern streifen und vor dem Spiegel meine Haare zu einem Knoten binden, da fällt mir in diesem grellen Neonlicht etwas auf. An meinen Wangen sprießen Haare, weiche, flaumige, helle Haare, wie das Fell einer neugeborenen Maus. Komisch, das hatte ich doch früher nicht. Ich suche meinen ganzen Körper ab und finde die gleichen Haare auch an meinen Unterarmen und Handgelenken. Woher kommt das nur?

Nach dem Duschen sieht man die Haare schon weniger. Vielleicht kann ich sie zu Hause abrasieren. Ich bin doch kein Affe! Schlotternd laufe ich vom Duschraum hinüber in die Schwimmhalle und springe vom Startblock. Die Bademeisterin braucht gar nicht so blöd zu glotzen.

Hilfe, ist das Wasser kalt! Das halte ich nicht aus. Obwohl ich mindestens fünf Minuten unter dem Kaltwasserhahn gestanden habe, ist das Schwimmbecken dagegen die reinste Schockgefriertruhe. Schnell, ich muss schwimmen, mich bewegen, das klappte doch bisher immer! Aber heute wird mir auch nach einer Viertelstunde Kraulen nicht wärmer. Immer wieder schütteln mich diese Hustenanfälle, bei denen ich auch noch jede Menge Wasser schlucke. Schon zweimal wäre ich beinahe an den Rand geschwommen, um mich ein wenig auszuruhen. Aber ich schwimme weiter, denn wenn ich mich nicht bewege, wird mir noch kälter, und außerdem verbrauche ich in der Zeit keine Kalorien. Das muss ich aber, weil Mama heute bestimmt für den Rest des Tages versuchen wird, mich mit Essen voll zu stopfen.

Nach dem Kraulen setze ich meine Bahnen mit Brustschwimmen fort. Das ist nicht ganz so anstrengend und ich huste auch weniger. Dafür beginnt es in meinem Hals zu kratzen und meine Augen brennen heute vom Chlorwasser wie noch nie.

Warum vergeht die Zeit nur so langsam? Eine Stunde will ich mindestens schaffen, eher noch mehr. Einmal bin ich schon über 90 Minuten im Wasser geblieben. Bei jeder zweiten 50-Meter-Bahn schwimme ich genau auf die Uhr zu, die über dem Bademeisterhäuschen an der Wand hängt. Obwohl ich versuche, sie zu ignorieren, wird mein Blick doch immer wieder magisch von ihr angezogen. Ich schwimme und schwimme, aber der Minutenzeiger rückt kaum weiter. Ob an der Uhr etwas kaputt ist? Das wäre ja die Krönung! Am Ende soll ich vielleicht noch nachzahlen, weil ich angeblich die Zeit überschritten habe, dabei kann ich gar nichts dafür. Ich schaue mich um; von den anderen Badegästen scheint niemand etwas bemerkt zu haben. Alle ziehen ruhig und gelassen ihre Bahnen, ein paar Meter neben mir höre ich eine Frau zu ihrem Mann sagen: »Oh, so spät schon? Wir müssen gleich raus.«

Also liegt es an mir, nur ich bin diejenige, die hier beinahe schlappmacht, die immer noch nicht genug Kondition hat, sich quält, nichts leistet. Ich muss weitermachen, irgendwann muss diese eine Stunde ja vorbei sein, sie muss!

Dann ist es tatsächlich so weit. Ich habe es geschafft, ich habe durchgehalten! Ich weiß nicht mal mehr, ob mir kalt oder warm ist, während ich die Treppe am Beckenrand hochklettere. Als ich endlich wieder festen Boden unter den Füßen spüre, merke ich, dass meine Knie zittern. Einen Moment lang halte ich mich noch am Treppengeländer fest, weil ich schon wieder huste. Ein wenig kommt es mir vor, als ob ich schwanke. Das Wasser tropft von meinem Badeanzug und aus meinen Haaren, rinnt über meine Schultern und meine Beine. Bei dem

Gedanken an die warme Dusche wird mir beinahe schwindlig vor Sehnsucht, viel zu weit erscheint mir der Weg dorthin. Jetzt beobachtet mich schon wieder die Bademeisterin, ich gehe schnell an ihr vorbei. Ihre Augen fixieren, durchbohren mich, starren mich an wie zwei rot glühende Lampen, ihr Gesicht ist eine Fratze, grünstichig. Mir ist schlecht, ich muss mich beeilen, sonst kotze ich hier noch mitten auf die weißen Kacheln oder, noch schlimmer, ins Becken. Irgendwas muss mit meinem Magen sein. Das habe ich in letzter Zeit oft: Hunger, oder mir ist speiübel. Zu Hause werde ich mir gleich einen heißen Kamillentee kochen und mich ins Bett legen. Vielleicht lese ich ein bisschen. Ich habe gehört, auch das menschliche Gehirn verbraucht bis zu 400 Kalorien am Tag. Das wäre natürlich superpraktisch, falls es überhaupt stimmt.

Diese Bademeisterin versperrt mir den Weg. Sie soll mir nicht so dicht auf die Pelle rücken, schließlich hat sie mich lange genug angestarrt, als ich geschwommen bin. Bin ich so schön? Affenschau: zehn Euro! Pass auf, Lady, sonst kotz ich dir noch auf deine Klapperlatschen!

»Mädchen, du bist ja krank! Leichenblass bist du, und deine Augen, ich glaube, du hast Fieber!«, sagt sie zu mir. Ja, vielleicht bekomme ich Fieber, das Halsweh wird auch schlimmer, aber was geht die das an?

»Geh mal schön warm duschen, und wenn du Hilfe brauchst, sag gleich Bescheid, ja? Armes Ding.«

Ich nicke und lasse sie hinter mir, in meinen Ohren rauscht es und in meinem Hals sitzt ein komischer fetter Kloß. Ich werde doch jetzt nicht heulen?! Wenn mir nur nicht so schlecht wäre! Diese Kacheln sind so glatt, alles dreht sich, warum ist es hier auf einmal so dunkel, nein, hell ist es. Ich rutsche aus, ich will mich doch festhalten, aber wo?

Ich glaube, ich liege am Boden, endlich ist es warm…
»Schwimmmeister, schnell, hier ist jemand gestürzt…« Ich liege am Strand, über mir scheint die Mittagssonne hell durch die geschlossenen Augenlider. In der Ferne höre ich die Wellen rauschen oder ist es tropischer Regen? »Ja, hier, in der Frauendusche, nun kommen Sie doch, wenn man schon mal jemanden braucht! Wofür werden die Leute denn bezahlt?« – »Oder rufen Sie die Feuerwehr! Das ist ein Notfall!« Ich fühle mich wohl, endlich Ferien, endlich ausspannen. Weiter vorne am Strand höre ich Leute durcheinander rufen, wahrscheinlich Surfer oder wieder die Beachvolleyball-Truppe, die jeden Tag hier spielt. Ein bisschen bleibe ich noch liegen, dann mache ich auch mit, später, wenn die Sonne nicht mehr so hoch steht. »Dreh doch endlich mal jemand die verdammte Dusche aus, sie muss doch ins Trockne! Kommen Sie, tragen wir sie gemeinsam rüber in den Sanitätsraum. Schnell!« – »Ich bin die Schwimmmeisterin. Vorsicht! Noch wissen wir nicht, ob sie sich am Kopf gestoßen hat.« »Nein, nein, sie lag gleich so, mit dem Kopf auf dem Arm.« – »Mein Gott, das Mädchen wiegt ja wirklich gar nichts, hätte ich nur schon eher reagiert.« War das nicht eben Mamas Stimme? Habe ich eben geträumt, ich wäre schon groß, und bin doch noch ein Kind; trägt sie mich jetzt, weil ich unterwegs eingeschlafen bin? »Kennen Sie das Mädchen?« – »Sie ist fast jeden Tag hier…« Lasst mich doch, ich will weiterschlafen… »Eine Magersüchtige, nehme ich an… Man weiß immer nicht, ob man sich einmischen soll, aber ich konnte richtig zusehen, wie sie…« Ich bin leicht wie eine Feder… »Wann kommt denn endlich dieser verdammte Notarzt, sie ist ja immer noch nicht richtig bei sich! Mädchen, hörst du mich, wach auf! Mädchen, Kleines, mach die Augen auf, komm!« Ist schon morgens? Ich will

noch nicht aufstehen. Warum muss ich zur Schule? »Sie darf uns nicht wegbleiben! Wach auf, Mädchen! Ah, der Notarzt, endlich. Kommen Sie, hier ist die Patientin. Ein Kreislaufkollaps, vermutlich Magersucht, sie ist eine Stunde geschwommen, obwohl sie meiner Ansicht nach Fieber hat.« – »Danke. Nehmen Sie ihr das Armband ab und holen Ihre Sachen aus dem Schließfach? Vielleicht können Sie die Angehörigen verständigen. Und ziehen Sie ihr endlich das nasse Zeug aus!« Welches nasse Zeug? Ich liege doch im Bett, nein, am Strand, oder? Was ist das für ein Mann? »Hallo? Hallo, Kleine, hörst du mich! Hallo!« Nicht schlagen, nein, was habe ich denn getan, hör auf, nicht ins Gesicht schlagen! Ich komm ja schon.

Ich blicke in die grauen Augen eines Mannes im weißen Kittel und habe nicht den geringsten Schimmer, was eigentlich los ist. Den Typen kenne ich überhaupt nicht, warum liege ich also hier? Ich glaube, ich bin nackt und nur mit einer kratzigen Wolldecke zugedeckt. Da er ein Stethoskop um den Hals gehängt hat, dämmert mir allmählich, dass er ein Arzt sein muss. Aber was will er von mir? Ich bin doch nicht krank?

»Mein Name ist Stefan Behrendt, man hat mich per Notruf zu dir geholt. Du bist hier nach dem Schwimmen bewusstlos zusammengebrochen. Wie heißt du?«

»Sina Wagenknecht.«

»Größe? Alter?« Er hilft mir zum Sitzen hoch und beginnt, mich an Brust und Rücken abzuhören. Sofort muss ich wieder wie verrückt husten.

»Ein Meter fünfundsechzig, im November werde ich sechzehn.«

»Gewicht?« Schon wieder sieht Doktor Behrendt mich an, als wäre ich zu einer Prüfung bei ihm.

Ich weiche seinem Blick aus. »Weiß nicht. Ich wiege mich fast nie. So ungefähr fünfzig Kilo, glaube ich.«

Er atmet tief durch und legt mir eine Schlaufe um den Oberarm, um meinen Blutdruck zu messen. In diesem Moment kommt die Bademeisterin herein und legt meinen Rucksack ans Fußende der Liege. Doktor Behrendt nickt ihr kurz zu, dann wendet er sich wieder an mich.

»Du kannst dich jetzt anziehen, dann bringen wir dich vorsichtshalber in ein Krankenhaus. Dein Husten hört sich bedrohlich an, aber das ist es nicht allein.«

»Na ja. Kann sein, dass ich etwas Temperatur bekomme.« Während ich blitzschnell mein Shirt überstreife und im Rucksack nach meinen beiden Pullis wühle, spüre ich, dass mir noch immer schwindlig ist. Aber wieso ins Krankenhaus? »Ich kann doch auch mit dem Bus nach Hause fahren. Dann gehe ich gleich zu unserem Hausarzt.«

»Kommt nicht infrage, Sina.« Doktor Behrendt und die Bademeisterin wechseln mit gerunzelter Stirn einen Blick. »Du hast bereits hohes Fieber, vielleicht eine Lungenentzündung. Aber das ist es nicht allein. Ich vermute, dass dein schlechter Gesundheitszustand eine akute Folge von *anorexia nervosa*, zu Deutsch: Magersucht, ist. Dein Immunsystem ist aufgrund einer andauernden Mangelernährung extrem geschwächt. Kann das sein?«

»Natürlich nicht.« Ich steige in meine Hose, Mellis Spinnenhose, die mir endlich angenehm locker auf den Hüften sitzt. Meinen Gürtel schließe ich im letzten Loch. »So ein Blödsinn!« Bevor ich in meine Schuhe schlüpfe, setze ich mich noch einmal kurz auf den Rand der Liege. Ich habe Kopfschmerzen, dieser Typ soll mich endlich in Ruhe lassen, ich will nach Hause.

Aber er bohrt weiter. »Dann verrate mir doch mal, was du heute gegessen hast?«

»Gegessen?« Bei dem Gedanken an Nahrung werde ich ganz schwach. Wie lange ist es her, dass ich etwas gekaut und geschluckt habe, immer wieder, bis sich ein angenehmes, zufriedenes Sättigungsgefühl in mir ausbreitete, das mich zugleich müde und froh gemacht hat?

Ich bin so leer, hungrig und leer. Tränen steigen in meinen Augen auf. »Das Übliche halt«, lüge ich, »Toastbrot, Marmelade, ein Ei ... Wie jeden Morgen.«

Doktor Behrendt nickt. »Das wird dann alles geklärt werden. Der Transport ist geregelt. Damit du jetzt etwas zur Ruhe kommst, gebe ich dir ein leichtes Beruhigungsmittel. Dann geht es los. Die Schwimmmeistern hier ist so freundlich und informiert deine Eltern.«

Mir ist alles egal. Ich liege im Krankenwagen auf einer Trage. Obwohl man mich zugedeckt hat, zittere ich am ganzen Körper. Der Wagen schlingert und rumpelt, in den Kurven fürchte ich beinahe herunterzufallen. Wie machen die das denn mit Verletzten, nach einem Unfall zum Beispiel, die sich überhaupt nicht bewegen dürfen? Werden die auch so herumgeschleudert wie ich? Wenigstens hört das Zittern nach einer Weile auf. Immer wieder versuche ich, oberhalb der Milchglasscheiben hinauszusehen und an den Häusern und Bäumen, die an mir vorüberfliegen, zu erkennen, wohin wir fahren. Aber meine Augenlider werden schwerer und schwerer und fallen immer wieder zu.

Der Kinderwagen ruckelt über das Kopfsteinpflaster. Kein Wunder, dass das Baby wach wird. Die Mutter ist auch schon viel zu lange mit ihm unterwegs. Die Einkäufe haben sich länger hingezogen als geplant, macht ja auch nichts. Zu Hause wartet keiner, der Vater arbeitet, gekocht wird erst zum Abendessen. Das Baby fängt an zu quengeln, eine andere Sprache kennt es ja noch nicht. Wenn Babys aus dem Schlaf aufwachen, sind sie meist ungnädig. Es geht auf Mittag zu, vielleicht hat es schon Hunger oder zumindest Durst.

Die Mutter hat nichts zu essen dabei. Es war nicht geplant, dass sie so lange unterwegs sein würde. Der Schnuller ist dem Baby aus dem Mund gefallen. Als die Mutter ihn wieder hineinsteckt, saugt es gierig. Aber nach wenigen Minuten merkt es den Betrug. Das Ding macht ja nicht satt!

Nun schreit es wirklich. Die kleinen Fäuste ballen sich zusammen, es strampelt seine Decke fort, die Mutter legt sie ihm wieder über die Beinchen. Gerade kommen sie an einer Drogerie vorbei, hier könnte sie schnell ein Gläschen Obstbrei kaufen, dann wäre der schlimmste Hunger bald vorbei. Das Baby läuft vom Weinen schon rot an. Ein paar Leute drehen sich um. Wenn die Mutter jetzt in die Drogerie geht, dauert es noch länger, bis sie zu Hause ist.

»Kinder müssen auch lernen, dass nicht immer alles nach ihrer Nase geht«, sagt eine ältere Dame im Vorübergehen. Die Mutter nickt und schiebt den Wagen schnell weiter. Das Baby schreit und schreit, und als sie endlich zu Hause angekommen sind, ist es mit leerem Bauch vor Erschöpfung eingeschlafen.

38 kg
Morgens: Sondennahrung
Mittags: Sondennahrung
Abends: Sondennahrung

Ich bin so müde. Mir tut alles weh, der Kopf, die Arme, die Beine, und wenn ich huste, auch der Hals und die Brust. Nachdem ich im Krankenhaus angekommen war, wurde ich gründlich untersucht, doch ich kann mich kaum daran erinnern. Ich bin so schlapp, so willenlos. So ähnlich muss es gesuchten Verbrechern zumute sein, die nach ihrer Flucht endlich gefasst, verurteilt und ins Gefängnis gesperrt werden. Noch lange habe ich gezittert, teils vor Kälte, aber auch vor Angst; es kann auch am Fieber gelegen haben, sagt die Krankenschwester, die vorhin hier war. Aber jetzt ist mir warm. Ich liege unter einer weißen Decke, auch das Kopfkissen und überhaupt das ganze Zimmer sind weiß. In dem Bett neben mir liegt ein Mädchen und liest. Als ich hereingeschoben wurde, hat sie »Hallo« gesagt und mir zugelächelt, aber ich habe keine Lust zum Reden. Ich bin froh, dass ich endlich schlafen darf, ich muss nichts tun, nicht lernen, nicht schwimmen, niemandem Rechenschaft darüber ablegen, was ich tue und lasse, ob ich esse oder nicht. Ich darf schlafen.

Als ich meine Augen wieder öffne, weiß ich nicht, ob ich wirklich geschlafen oder nur gedöst habe. In meiner Nase drückt etwas, ich taste mit zwei Fingern danach und spüre einen dünnen Plastikschlauch. Auch beim Schlucken merke ich ihn, also steckt er teilweise wohl auch in meinem Hals. Nach oben führt er zu einem durchsichtigen Plastikbeutel, der über meinem Kopf an einem Gestell hängt. Eine Flüssigkeit tropft langsam aus dem Beutel in den Schlauch, um von dort aus nach und nach in meinen Körper zu wandern. Was kann das sein? Ein Medikament gegen den Husten? Wie lange dauert es, bis der Beutel leer ist und ich endlich liegen kann, wie ich will? Mir tut der Rücken weh.

In diesem Moment geht die Zimmertür auf. Eine Krankenschwester kommt herein, hinter ihr erscheint ein Arzt. Ein bisschen sieht er aus wie unser Lehrer, Herr Winter, aber seine Augen sind freundlicher, wärmer. Auch die Schwester scheint nett zu sein.

»Hallo, Sina. Schön, dass du jetzt wach bist«, beginnt sie lächelnd. »Ich bin Schwester Monika und das hier ist Doktor Seefeld, unser Stationsarzt. Er möchte sich gerne kurz mit dir unterhalten. Ich messe jetzt bei dir Fieber und Blutdruck, und danach schaue ich mal nach, wie weit sie in der Küche mit deinem Abendessen sind.«

Sie zieht aus ihrem weißen Kittel genau so eine Schlaufe zum Blutdruckprüfen, wie der Arzt im Schwimmbad sie hatte, dann fühlt sie meinen Puls. »70 pro Minute!« Sie runzelt die Stirn. Jetzt wirft Sie einen Blick auf die Quecksilbersäule des Thermometers und schaut den Arzt vielsagend an. »39,7«, sagt sie knapp. »Das war aber höchste Zeit.« Dann geht sie hinaus.

Doktor Seefeld nickt dem Mädchen im Nachbarbett zu und holt sich einen Stuhl, der am Fenster steht. Etwas umständlich schiebt er ihn neben mein Bett und setzt sich drauf. Was will er nur? Warum macht er es so spannend? Kann man nicht einfach mal eine Erkältung haben? Okay, dass ich mit dem Husten schwimmen gegangen bin, war vielleicht nicht so der Hit. Gymnastik und Radfahren wäre wahrscheinlich besser gewesen als dieses Eiswasser in der Mark-Spitz-Halle. Seh ich ja ein. Aber dieser Typ kann jetzt gehen und Schwester Monikas Idee mit dem Abendbrot war ja wohl ein Witz. Ich will weiterschlafen.

»Das ist ja gerade noch mal gut gegangen, Sina«, fängt Doktor Seefeld an. »Ein paar Tage oder Wochen später, und du hättest tot sein können. Das Tückische ist, dass man bei dieser Krankheit den Zeitpunkt vorher nicht so genau kennt. Das kann ganz plötzlich und unerwartet passieren.«

Tot? Plötzlich und unerwartet, gestorben an einer simplen Grippe? Ich lache leise und drehe meinen Kopf weg.

»Nein, nicht von der Erkältung. Obwohl du auch in dieser Hinsicht großes Glück gehabt hast. Haarscharf an einer gefährlichen Lungenentzündung vorbei. Du hast eine schwere Bronchitis, die wir mit einem hochwirksamen Antibiotikum behandeln. Schwester Monika kommt nachher mit den Tabletten vorbei.«

Dann deutet er auf den Plastikbeutel über mir. »Weißt du, was das ist?«

Ich schüttle den Kopf.

»Das ist Sondennahrung. Ein hübscher Cocktail aus Nährstoffen, Vitaminen und allem, was der Körper zum Überleben braucht. Du bist auf dem besten Weg, dich selbst verhungern zu lassen, Sina, weißt du das?«

Ich sehe ihn nur an.

»Dein Gewicht von 38 Kilogramm im Augenblick ist lebensbedrohlich gering.

Deshalb und wegen deinem völlig übertriebenen Leistungsprogramm hast du auch diesen Kreislaufkollaps erlitten. Dazu wäre es vermutlich auch ohne die Bronchitis gekommen, eventuell mit einigen Tagen Verzögerung. Ist dir aufgefallen, dass deine Körperbehaarung sich verändert hat?«

Meint er den Flaum in meinem Gesicht? Was hat das mit dem Abnehmen zu tun? Ich antworte nicht, sondern warte ab, bis er weiterredet.

»Das ist die so genannte Lanugobehaarung. Die gibt es sonst nur bei ungeborenen Kindern etwa bis zum sechsten, siebenten Monat, danach verschwindet sie wieder. Das musst du dir mal vorstellen! So sehr verändern sich die hormonellen Werte durch die Magersucht, dass diese Behaarung wieder auftritt. Du willst doch kein Fötus sein, Sina. Oder?«

Das Mädchen im Bett neben mir legt ihre Zeitschrift beiseite und sieht Doktor Seefeld und mich neugierig an. Ich versuche, sie nicht zu beachten.

»Durch das hohe Fieber und deinen schlechten Allgemeinzustand warst du bei der Erstuntersuchung kaum ansprechbar, aber wir hätten deine Mutter ohnehin so rasch wie möglich verständigen müssen«, fährt Doktor Seefeld fort. »Sie hat sofort zugestimmt, dass wir als erste Hilfsmaßnahme eine Nährsonde legen. Sie kennt dich gut genug, um zu wissen, dass du freiwillig wahrscheinlich nichts essen würdest.«

Recht hat er. Aber von Mama ist das natürlich mal wieder typisch. Was *ich* will, ist ihr völlig egal! Sie beschließt mit diesem wildfremden Mann einfach, mich mit Flüssigkeit voll zu pumpen. Sobald Doktor Seefeld mir den Rücken zudreht, werde ich die Nadel herausziehen. Das schwöre ich!

»Du bist nicht das erste magersüchtige Mädchen, das wir hier auf der Inneren Abteilung behandeln«, fährt er fort, »und ich kann genau in deinem Gesicht lesen, was du gerade denkst. Ich kenne deine Angst, wieder zuzunehmen, genau. Aber weißt du, dass etwa eines von zehn magersüchtigen Mädchen stirbt? Dass es sein kann, dass du ganz plötzlich tot umfällst, weil dein Herz diese ständige Mangelernährung, verbunden mit extremem Leistungssport, nicht mehr mitmacht? Ist es das, was du willst, Sina?«

»Nein!« Ich bäume mich in meinem Bett auf und schreie beinahe, dann sinke ich in mein Kissen zurück und starre Doktor Seefeld wieder an, mit offenem Mund, und schüttele ganz langsam den Kopf.

»Das ist der Punkt, den ihr euch alle nicht klar macht«, sagt er, steht auf und geht zur Tür. »Wenn deine Mutter nachher kommt, werden wir gemeinsam überlegen, wie es weitergeht.« Er legt die Hand auf die Türklinke und dreht sich noch einmal zu mir um. »Natürlich können wir auf die Sonde verzichten. Aber das geht erst, wenn du wieder richtig isst.«

Keine zwei Minuten, nachdem er weg ist, kommt Schwester Monika mit dem Abendessen. Dabei ist es noch nicht mal 17 Uhr! Wie soll ein normaler Mensch um diese Zeit zwei dick belegte Brote hinunterbekommen?

»Iss wenigstens erst mal ein halbes Brot«, bittet sie mich, sieht mich dabei aber nicht ganz so stechend an wie der Arzt. »Sonst wird dir noch schlecht von den Tabletten. Und die brauchst du.« Sie schiebt den Teller auf dem Nachttisch so dicht wie möglich an mich heran und gießt dampfenden Pfefferminztee in eine weiße Tasse. Wann habe ich zum letzten Mal Brot gegessen? Ich weiß es nicht. An dem gekochten Schinken ist noch ein Fettrand. Also nehme ich die Scheibe herunter, lege sie auf den Tellerrand und spüle das Antibiotikum mit einem Schluck Tee hinunter.

Genau in diesem Moment kommt meine Mutter. Ihre Hände und Wangen fühlen sich kühl an, als sie mich umarmt. Dann fällt ihr Blick auf meinen Teller.

»Jetzt fängst du sogar hier schon mit deinem komischen Getue an«, schimpft sie. »Wie weit muss es denn noch mit dir kommen, bis du vernünftig wirst, sag mal? Was ist dir denn an dem Essen nicht gut genug? Da bringt man dich halb tot in die Klinik, und du...« Ihre Stimme bricht, sie kramt ein zerknülltes Papiertaschentuch aus der Jackentasche und presst es sich auf den Mund. Dann setzt sie sich auf meine Bettkannte, Tränen rollen aus ihren Augen und ihre Schultern beben. Ich glaube, ich habe meine Mutter noch nie weinen sehen.

»Ich will ja essen, Mama«, flüstere ich und spüre, wie auch meine Augen feucht werden, »aber ich kann einfach nicht!«

Schwester Monika, die dem anderen Mädchen ebenfalls Tee eingegossen, das Kissen aufgeschüttelt und unser Fenster ein wenig geöffnet hat, tritt von hinten an Mama heran und legt ganz kurz eine Hand auf ihren Arm.

»So einfach ist das leider auch nicht«, sagt sie, und der feste Klang ihrer Stimme bewirkt, dass wir beide tief einatmen und unsere Augen auf sie richten. »Sina ist schwer magersüchtig und das ist viel mehr als nur eine Unvernunft, ein pubertärer Schlankheitsfimmel. Es ist eine schwere seelische Krankheit, die verschiedene Ursachen haben kann.«

Mama tupft sich mit dem Taschentuch die Augen ab und schüttelt den Kopf. »Meine Tochter, psychisch krank... mein Gott, das Mädchen hat doch alles, was es braucht, und wenn Sina Kummer hat... wir sind doch immer füreinander da in der Familie!«

Schwester Monika hebt die Schultern. »Ich bin kein Experte«, sagt sie. »Wir behalten Sina jedenfalls erst mal hier, bis ihre Bronchitis ausgeheilt ist. Danach muss sie einen Therapieplatz bekommen, nehme ich an, in der Regel stationär in einer Fachklinik für Kinder- und Jugendpsychiatrie oder in einer Spezialklinik für Jugendliche mit Essstörungen. Einzelheiten bespricht der Stationsarzt gleich draußen mit Ihnen.«

Mama nickt und schaut Schwester Monika ernst hinterher, als diese den Essenswagen auf den Flur rollt und die Tür von außen schließt. Ich bin total erschöpft und mache die Augen zu. Mir ist das alles zu viel, dieses Krankenhaus, meine Mutter, all dieses Gerede über Sondennahrung und Spezialkliniken, das Mädchen neben mir mit den neugierigen Blicken, dessen Namen ich immer noch nicht kenne. Ich will schlafen.

»Nun iss doch wenigstens eine halbe Stulle, Kind«, bettelt Mama. »Du hast doch gehört, was die Schwester gesagt hat. Du musst doch wieder zunehmen.«

Ich mache die Augen wieder auf, beuge mich etwas vor und beiße einmal von dem Butterbrot ab, kaue so lange darauf herum, bis ich nur noch grauen, fettigen Matsch im Mund habe. Dann trinke ich wieder Tee.

»Frau Wagenknecht?« Doktor Seefeld steckt seinen Kopf zur Tür herein und nickt Mama zu. »Ich möchte Sie gern einen Augenblick sprechen.«

Mama nickt, greift nach ihrer Handtasche und folgt ihm nach draußen.

Das Mädchen im Nachbarbett lächelt mir zu. Sie kann nicht älter sein als zwölf oder dreizehn.

»Ich heiße Dani«, sagt sie, »und ich kann auch noch nicht richtig essen. Mir wurde der Blinddarm herausgenommen.«

Ich rolle mich auf die Seite, sodass ich sie ansehen kann. »Du kannst mein Brot haben«, antworte ich.

Die Sonne ist längst hinter den Bäumen verschwunden. Im Dämmerlicht sieht alles gespenstisch aus, die Sträucher und Baumstämme am Wegesrand, die Äste, die sich leise im Wind wiegen, der Tümpel, der schwarz glänzend zu meinen Füßen liegt. Irgendwo ruft eine Eule, dort hinten quakt ein Frosch. Ich glaube, heute ist Neumond.

Wo führt dieser Weg hin? Viel zu lange schon habe ich das Gefühl, ich gehe im Kreis. So oft ich auch durch die Büsche spähe und den Weg nach Hause suche, es bleibt alles dunkel. Kein erleuchtetes Haus, keine Straßenlaterne, und sei sie auch noch so weit entfernt, ist zu sehen. Einen Augenblick lang bleibe ich stehen, um Kraft zu schöpfen, doch sofort werden mir die Füße kalt. Die Feuchtigkeit des herbstlichen Waldbodens steigt auf und kriecht in meine Jackenärmel und in meinen Kragen, obwohl ich ihn hochgeschlagen habe. Ich muss weitergehen, einen Fuß vor den anderen setzen, ohne Richtung und ohne Ziel.

Schnell fällt die Dunkelheit ganz über diese Wildnis und umhüllt mich wie ein Sack, den jemand ohne Vorwarnung einfach über mich wirft, um mich unerkannt gefangen zu nehmen, zu entführen. Ich möchte schreien, aber kein Laut kommt aus meiner Kehle, nur ein heiseres Krächzen wie das des Vogels, dessen Flügelschlag gerade meine Wange streift. Beinahe stolpere ich, dann zwinge ich mich zur Ruhe, atme gleichmäßig ein und aus. Noch ist nichts Schlimmes passiert. Irgendwann muss ich ja hier herausfinden, der Wald ist groß, aber er liegt mitten in der Stadt. Es kann nicht ewig dauern.

Aber es dauert ewig. Immer häufiger knicken mir die Beine ein, meine Kehle ist trocken von der kalten Luft. Wenn ich wirklich nicht hinausfinde, habe ich eine lange Nacht vor mir, denn es ist noch früh. Die Leute in ihren warmen Wohnungen und

Häusern sitzen wahrscheinlich vor der Tagesschau. Ich muss noch lange gehen, ehe es Mitternacht wird, dann ein Uhr, zwei Uhr, und auch danach kommt noch lange nicht der neue Morgen. Manchmal erfrieren Leute im Winter.

Der Abend schreitet voran. Irgendwann merke ich, dass ich Hunger habe. Natürlich habe ich keinen Proviant dabei, ich wollte ja nur kurz spazieren gehen, eine Stunde vielleicht. Meine letzte Mahlzeit ist lange her. In meinem Magen knurrt und nörgelt es, ich wühle in den Taschen meines Mantels, finde aber nichts, nicht mal ein Bonbon. Ich gehe weiter, inzwischen ist hier nicht einmal mehr ein Weg, nur noch Gestrüpp und Wurzeln. Wenn ich wenigstens Beeren oder Kräuter finden könnte, aber dafür ist es viel zu spät im Jahr.

Der Hunger wütet in meinem Körper, hinzu kommt jetzt auch noch die Müdigkeit. Als mein Fuß gegen einen Baumstumpf stößt, gebe ich auf. Obwohl die Kälte gleich beim Hinlegen durch meinen Mantel dringt, fallen mir sofort die Augen zu. In der Finsternis warte ich auf den neuen Morgen.

40,2 kg
Morgens: 1 kleiner Bissen Marmeladenbrötchen,
1 Kanne Pfefferminztee (0,5 l)
Vormittags: $^1/_2$ Becher Früchtejogurt (Sahne)
Mittags: 1 Esslöffel Kartoffelpüree,
$^1/_2$ Fischstäbchen,
2 Gabeln voll Gurkensalat
Nachmittags: 1 Tasse schwarzer Kaffee
Abends: nichts

Nach zehn Tagen bin ich fieberfrei. Als ich zum ersten Mal aufstehe, um mich allein zu waschen, ist mir noch schwindlig, aber nach einer Weile wird es besser. Noch vor dem Frühstück kommt Schwester Monika herein und sagt, dass ich ins Untersuchungszimmer kommen soll. Doktor Seefeld sitzt auf einem Drehstuhl und mustert mich, als ich langsam auf ihn zukomme.

»Bitte mal auf die Waage«, sagt er und deutet auf ein monströses Gebilde an der Wand, wie es auch früher bei unserem Kinderarzt stand. Ich stelle mich drauf, eine andere Krankenschwester schiebt an einem Regler herum, dann wirft der Arzt einen Blick auf die Skala.

»40,2 Kilo«, sagt er und macht sich eine Notiz auf eine gelbe Karte, auf der mein Name steht. »Sehr gut. Die Sondennahrung und die Flüssigkeitszufuhr schlagen an. Wie fühlst du dich?«

»Es geht.« Nach dem Traum letzte Nacht bin ich noch gar nicht richtig da, aber das verrate ich ihm nicht. »Wann werde ich entlassen?«

»Dass das immer die erste Frage ist, die ihr mir stellt!« Doktor Seefeld richtet den Blick gegen die Zimmerdecke. »Komm mal runter.« Er winkt mich von der Waage fort und zu sich heran, dann zieht er sein Stethoskop aus der Tasche und hört mich an Brust und Rücken ab. »Dein Husten ist besser geworden, aber noch nicht ganz abgeklungen. Wie klappt es bisher mit dem Essen?«

»Kein Problem.« Ich sehe ihn ganz erstaunt an.

»Prima. Dann genieß mal dein Frühstück. Je mehr du von allein zu dir nimmst, desto schneller wirst du auch die Sonde los. Wir werden dich weiterhin jeden Morgen wiegen, bis entschieden ist, wohin du verlegt wirst.«

Als ich zurück ins Zimmer komme, steht auf meinem Nachttisch ein Teller mit einem Brötchen, eine Hälfte ist mit Nuss-Nugat-Kreme bestrichen, die andere mit Marmelade. Dazu gibt es eine Kanne Tee und einen Sahnejogurt. Dani liegt in ihrem Bett, das Kopfende fast zum Sitzen aufgerichtet, und strahlt beim Kauen übers ganze Gesicht, weil auch sie heute zum ersten Mal nach ihrer Operation ein Nugat-Brötchen bekommen hat.

Aber das kann ich auf keinen Fall alles essen! Dazu kommt ja noch die Sondennahrung! Ich weiß nicht mal, wie viele Kalorien das sind, die wollen mich hier mästen! Als fette Kuh mit wabbeligen, runden Oberschenkeln werde ich eines Tages entlassen werden. Ich glaube, dann brauche ich wirklich eine Therapie.

Dani ist schon fast mit ihrem Frühstück fertig, als ich gerade mal eine halbe Tasse Tee getrunken habe. Die Küchenhilfe kommt herein, um unser Geschirr einzusammeln und die Nachttische abzuwischen.

»Du hast ja noch gar nichts gegessen«, motzt sie, als sie meinen vollen Teller sieht. »Nun aber los! Ich will hier auch mal fertig werden.«

»Ich war beim Arzt zum Wiegen«, blubbere ich zurück und nehme einen winzigen Bissen von meinem Marmeladenbrötchen. »Kann ich auch nichts dafür. Das Geschirr bring ich nachher selber weg.«

Als sie draußen ist, gebe ich Dani mein Nugat-Brötchen.

»Ich habe noch nie jemanden getroffen, der keine Nuss-Nugat-Kreme mag«, staunt sie und beißt krachend hinein. »Willst du denn gar nichts essen?«

Doch, kleine Dani, denke ich, und die Nuss-Nugat-Kreme sogar am allerliebsten. Wenn das so einfach wäre! 100 Gramm davon haben 550 Kalorien, auf so einem Brötchen sind sicher 20 Gramm, also 110 Kalorien, und das nur für einen lumpigen Brotaufstrich! Dazu kommt ja auch noch die Butter, das Brötchen selbst…

»Doch, doch, die Brötchenhälfte mit Marmelade esse ich ja.« Ich nicke eifrig und trinke noch einen Schluck Tee. »Bald vertrage ich sicher wieder alles. Und dann behalte ich meine Nugat-Kreme selber!«

Mit gespieltem Entsetzen reißt Dani ihre Augen auf und beißt rasch noch einmal ab. Dann legt sie sich hin, greift nach einer Zeitschrift und vertieft sich in die Foto-Love-Story. Ich lasse das Marmeladenbrötchen im Ärmel meines Nachthemdes verschwinden und gehe zur Toilette. Die Reinigungsfrau war noch nicht da – meistens kommt sie so gegen neun Uhr – und der Mülleimer mit den gebrauchten Papierhandtüchern ist voll. Ich wickle die Brötchenhälfte in ein Papierhandtuch und lege sie ganz unten hinein, die anderen benutzten Handtücher lege ich darüber, sodass es nicht auffällt. Dann erst wasche ich mich ausgiebig und betätige die Klospülung.

»Was ist mit dem Jogurt?«, fragt Schwester Monika mich etwas später, als sie zum Pulsmessen kommt und meine Tabletten auf den Nachttisch legt. »Den solltest du auch essen, Sina. Du kommst nicht drum herum, so viel kann ich dir versichern. Doktor Seefeld will jeden Morgen dein Gewicht wissen, und wenn du Mahlzeiten auslässt, merkt er es.«

»Aber darf ich ihn mir nicht für später aufheben? Wenn man monatelang so wenig... na ja, ich bin von dem Brötchen schon so satt.« Ich werfe einen ängstlichen Seitenblick auf Dani, doch sie ist noch immer in ihr Heft vertieft. »So große Mengen auf einmal bin ich nicht gewohnt. In ein, zwei Stunden habe ich bestimmt wieder Appetit.«

»Wie du meinst. Aber versuch nicht, uns hereinzulegen. Wir kennen eure Tricks.«

Mag ja sein, dass du die Tricks anderer kennst, denke ich. Aber meine nicht. Als sie eine Stunde später noch einmal hereinkommt, reiße ich den Aludeckel des Jogurtbechers auf und esse ein paar Löffel. Den Rest schütte ich, sobald ich wieder allein bin, ins Waschbecken und spüle ihn mit Wasser fort. Triumphierend sehe ich zu, wie der rosafarbene Brei aus pürierten Erdbeeren, Zucker und fetter Sahne langsam aber sicher in den Ausguss sickert. Danach schließe ich mich im Klo ein und mache Gymnastik.

Einige Tage später fliegt alles auf. Ich hätte es mir denken können. Gleich morgens bei der Visite sieht ein ganzer Rattenschwanz von Ärzten stirnrunzelnd zu mir aufs Bett herab, während Schwester Monika in meiner Krankenakte blättert. Sie hat mich schon vorhin beim Frühstück so komisch angesehen.

»Du hast trotz Sondennahrung bisher nur knapp 2 Kilo zugenommen, seit du hier bist, Sina«, stellt Doktor Seefeld kopfschüttelnd fest. »Da läuft irgendetwas schief.«

Ich sehe ihn verwundert an. »Wieso? Wie viel hätte ich denn zunehmen sollen?«

»Mindestens drei oder vier Kilo, wenn du vernünftig gegessen hättest. Mit der Sondennahrung und den Mahlzeiten bist du, wenn du alles aufgegessen hast, auf gut 2000 Kalorien pro Tag gekommen. Das hätte bei strenger Bettruhe, wie du sie einzuhalten hattest, schon anschlagen müssen.«

»Und das hat es nicht«, setzt Schwester Monika seine Ausführungen fort. »Kann es ja auch gar nicht. Meine Kolleginnen und ich haben deine Mahlzeiten teils im Gebüsch hier vor dem Fenster, teils im Mülleimer und teils als zerbröselte Reste in der Toilette gefunden. Hast du auch heimlich im Zimmer geturnt?«

Ein paar junge Ärztinnen und Ärzte tuscheln leise miteinander, vielleicht sind es auch Medizinstudenten. Ich rolle mit den Augen.

»Sehr witzig. Das hätte Dani ja wohl gesehen.«

»Wie dem auch sei. Alle Anzeichen sprechen dafür, dass du tatsächlich unter einer schweren Form der Magersucht leidest. Diese Problematik geht über unsere Kompetenzen weit hinaus. Deshalb haben wir – natürlich mit Zustimmung deiner Eltern – die Überweisung in eine kinder- und jugendpsychiatrische Anstalt beantragt. Die Entscheidung darüber muss allerdings das Familiengericht fällen.«

Ich setze mich in meinem Bett auf. »Was? Ich soll in die

Klapse?« Fassungslos starre ich von einem zum anderen. »Familiengericht? Ich bin doch kein Verbrecher!«

»Klapse ist ein dummer Ausdruck, den ein Mädchen in deinem Alter gar nicht zu seinem Wortschatz zählen sollte.« Der lange, geschniegelte Weißkitteltyp, der mir jetzt einen väterlich-arroganten Blick zuwirft, ist bestimmt der Chefarzt. Ich habe ihn noch nie gesehen. »Die Kollegen dort sind mit den unterschiedlichsten seelischen Erkrankungen von Kindern und Jugendlichen vertraut. Du wirst dort in den besten Händen sein. Und das Familiengericht ist nun mal der vorgeschriebene Weg, wenn jemand in die Geschlossene soll. Du gefährdest immerhin ein Leben: deins.«

Geschlossene Psychiatrie! Seelische Erkrankungen! Die spinnen doch alle, ich bin nicht krank! Ich will doch nur dünn sein, weiter nichts!

»Ich bringe jetzt dein Frühstück, danach kannst du deine Tasche packen.« Schwester Monika nickt mir zu, das Ärzteteam wendet sich zum Gehen. »Deine Mutter holt dich in einer guten Stunde ab.«

Die Klapse liegt ein wenig versteckt in einer ruhigen Wohnstraße mit viel Grün, mitten in einem Stadtviertel, das von unserer Wohnung nicht allzu weit entfernt ist. Trotzdem kenne ich es kaum, weil es hier kein großes Einkaufszentrum, kein Kino und kein Schwimmbad gibt. Wie ein Krankenhaus sieht die Klinik eigentlich nicht aus, eher wie eine riesige alte Villa. An den Bäumen färben sich die ersten Blattspitzen gelb und rot. Die ganze Anlage wirkt gepflegt. Dennoch warte ich, während ich neben meiner Mutter unter einer Fensterreihe entlang zum Haupteingang gehe, etwas ängstlich auf die Schreie von Verrückten, Geisteskranke in Zwangsjacken und verzerrte Grimassen hinter den vergitterten Scheiben. Aber alles ist still. Auch Mama und ich reden kein Wort.

Als wir das Gebäude betreten, müssen wir ein wenig suchen, ehe wir das Schild mit der Aufschrift »Anmeldung« gefunden haben. Auch hier drin sieht es anders aus als in dem Krankenhaus, aus dem ich gerade komme, weniger steril, weniger weiß. Nur der Geruch nach Putz- und Desinfektionsmitteln ist ähnlich. Auch die Krankenschwester, die in ihrem weißen Kittel an uns vorbeihuscht, könnte genauso bei Doktor Seefeld und seinem eingebildeten Chefarzt arbeiten. Dann gehen zwei Kinder über den Flur, nicht im Schlafanzug, sondern in Jeans, Pulli und Hausschuhen.

Mama klopft beinahe schüchtern an die Tür zur Anmeldung. Eine freundliche Stimme bittet uns herein. Während ich mir die Bilder und den Kalender an der Wand anschaue, fängt Mama gleich an, mit der Sekretärin zu labern, die alle möglichen Angaben über mich mitschreibt. Wenige Minuten später erscheint die Krankenschwester, die uns vorhin über den Weg gelaufen ist.

»Du bist also Sina«, sagt sie und reicht mir ihre Hand. »Ich bin Schwester Andrea und zeige dir jetzt dein Zimmer. Du kommst auf die Vier in unserer geschlossenen Abteilung. Deine Zimmergenossin freut sich schon darauf, endlich wieder Gesellschaft zu bekommen.«

»Ich soll echt in die Geschlossene? Das war kein Witz?« Fassungslos starre ich abwechselnd zwischen meiner Mutter, der Sekretärin und der Krankenschwester hin und her. »Wieso das denn, ich bin doch nicht verrückt, dass ich ausbrechen würde oder so! Komme ich jetzt in eine Gummizelle, nur weil ich schlank sein will, ja? Mama, sag doch was! Wieso lässt du das zu?«

»Von einer Gummizelle kann überhaupt keine Rede sein«, antwortet Schwester Andrea lachend. »So etwas haben wir hier gar nicht. Aber das Familiengericht hat nun mal so entschieden, zu deiner eigenen Sicherheit, weil dein Körpergewicht noch immer so niedrig ist, dass die Lebensgefahr noch nicht endgültig gebannt ist.« Sie schaut mich jetzt sehr ernst an. »Der Arzt wird nach dem Mittagessen mit dir besprechen, wie wir weiter vorgehen. Jetzt kommst du erst mal mit mir mit –, und Sie«, sie nickt Mama zu, »natürlich auch.«

Mir ist ein wenig schwindlig geworden. Schweigend trotten wir hinter Schwester Andrea her, die zielstrebig auf eine bunt bemalte Glastür zusteuert, aufschließt und gleich nach unserem Eintreten wieder zuschließt. Kurz darauf stehen wir vor einer Tür mit der Nummer 004. Schwester Andrea klopft an.

Das Zimmer sieht besser aus, als ich es mir vorgestellt habe. Die beiden Betten sind aus hellem Holz, ebenso die Kleiderschränke und Nachttische sowie der kleine, runde Tisch mit den zwei Stühlen dazu. Vor dem Fenster hängen Vorhänge in einem sonnigen Hellgelb, an den Wänden hängen Tierposter. Am Tisch sitzt ein dunkelhaariges Mädchen, das etwa in meinem Alter sein muss, und schreibt etwas in ein dickes Heft. Als wir eintreten, klappt sie es schnell zu. Das würde ich auch machen, wenn mich jemand beim Tagebuchschreiben stört. Sie ist bestimmt nicht wegen Magersucht hier, trotzdem hat sie eine tolle Figur. Mama stellt meine Reisetasche neben das unbenutzte Bett.

»Das ist Ariane«, sagt Schwester Andrea und deutet auf das Mädchen. »Ihr werdet euch bestimmt gut verstehen. Ansonsten heißt es jetzt erst mal Abschied nehmen«, fährt sie mit einem Stirnrunzeln fort und sieht Mama und mich nacheinander an. »In der ersten Woche soll Sina sich hier in Ruhe einleben und kann deshalb keinen Besuch empfangen. Danach können Sie sie sehen, sooft Sie beide es möchten, und der Rest der Familie auch.« Sie tätschelt mir die Wange. »Das wird schon wieder werden. Wir reißen hier niemandem den Kopf ab.«

Dann bin ich mit Ariane allein. Etwas verlegen lächeln wir uns an, ich spüre, dass sie gern weiterschreiben möchte, und beginne, meine Tasche auszupacken und alles in den Schrank zu räumen. Als ich fertig bin, lege ich mich rücklings auf mein Bett. Von hier aus kann ich durch das Fenster genau in die kräftigen Äste eines großen Kastanienbaumes sehen, meines Lieblingsbaums. Als Kind habe ich oft Kastanien gesammelt, und obwohl ich schon lange keine mehr in der Hand hatte, weiß ich noch genau, wie sie sich anfühlen. Vielleicht will ich in diesem Herbst mal wieder eine in der Hand halten, diese faszinierende Frucht: außen stachlig, innen glänzend und nicht essbar. Aber dafür ist es zu früh. Die Stacheln sind noch zu klein.

»Natürlich können wir auf die Sonde verzichten«, sagt Doktor Schulz, der Arzt, der mich untersucht hat. Er hat rote Locken und eine hohe Stirn. Ich schätze ihn auf ungefähr vierzig. »Aber dafür musst du ein Kilo pro Woche zunehmen. Und da du eben beim Mittagessen wieder fast nichts gegessen hast, glaube ich kaum, dass du das schaffst.«

»Ein Kilo pro Woche«, flüstere ich. »Wahnsinn!« Ich versuche, mir nicht anmerken zu lassen, wie sehr mich diese Aussicht in Panik versetzt. Ein Kilo pro Woche, das heißt, dass die mich hier innerhalb kürzester Zeit zu einer fetten Tonne mästen wollen. Wie lange hat es während der letzten Monate gedauert, bis ich mir mal ein Kilo heruntergehungert hatte! Und jetzt sperren die mich hier ein, nur damit ich Tag für Tag nichts anderes tue als fressen, bis ich schön dick und rund bin? Ich will hier raus!

»Du hast ja gemerkt, dass du diese Station nicht verlassen kannst«, fährt der Doktor fort. »Das ist natürlich etwas unangenehm. Wenn du hier aber gut mitmachst und zunimmst, können wir bald einiges etwas lockerer angehen. Wir arbeiten hier nach dem Belohnungssystem, nicht mit Strafen. Hast du irgendeinen bestimmten Wunsch?«

Ich überlege. »Mein Handy. Und die CDs von Madonna.«

Doktor Schulz nickt. »Gut. Du wiegst jetzt 40,3 Kilo. Bei 43 Kilo kann deine Mutter dir die CDs mitbringen, bei 45 das Handy. Glaubst du, dass du das schaffst?«

Ich atme aus. »Muss ich ja wohl.«

»Wenn dir dein Leben lieb ist, ja. Fang am besten gleich damit an und bestell dir das Mittagessen noch mal nach.«

»Und wann werde ich entlassen?«

»Nicht unter fünfzig Kilo.« Aus Doktor Schulzens Kitteltasche ertönt ein Piepen, er zieht ein kleines schwarzes Gerät hervor und blickt darauf. »Oder etwas mehr. Ich muss weiter, zu einem anderen Patienten«, sagt er und hebt bedauernd die Schultern, »also iss schön fleißig, dann wird es dir bald besser gehen.« Er ist schon an der Tür, da rufe ich noch einmal seinen Namen.

»Ja?« Er bleibt stehen und dreht sich um.

»Was ist, wenn ich schneller zunehme als ein Kilo pro Woche?«

Doktor Schulz strahlt über das ganze Gesicht. »Dann geht es mit den Belohnungen auch schneller.«

Meine Katze Mandy ist noch draußen, abends kommt sie immer rein, erst dann schließen wir die Tür zur Nacht ab. Ich bilde mit den Händen Scheuklappen links und rechts von meinen Augen, als ich in die Dunkelheit spähe, aber ich sehe sie nicht. Hoffentlich ist ihr nichts passiert, erst gestern hing wieder ein neuer Zettel an den Bäumen auf dem Marktplatz: Katze entlaufen. Mandy hat bisher immer nach Hause gefunden.

Plötzlich der Schein einer Taschenlampe vor unserem Zaun, ich strenge meine Augen an, erkenne aber niemanden. Oder ist es nur ein Radfahrer in der Dunkelheit? Dann dringt der Geruch von gebratenem Fisch durch das gekippte Fenster zu mir herein. Ein Schatten huscht an mir vorbei und auf das Licht zu. Ich höre Mandys heiseres Miauen, gleichzeitig schlägt eine Gittertür zu. Die Pforte zu unserem Grundstück ist doch aus Holz! Ein Motor startet und im Schein der Straßenlaterne erkenne ich einen Drahtkäfig auf der Ladefläche eines Kleinlasters, innen das grüngelbe Leuchten ihrer Augen in der Dunkelheit. Ich reiße die Tür auf und stürme aus dem Haus. Mit langen Schritten jage ich hinter dem Wagen her und rufe immer wieder den Namen meiner Katze. Ein zweites Auto kommt von hinten rasch näher, der Fahrer hupt, ich habe hier auf dem Fahrdamm nichts zu suchen. Unter Tränen drossele ich mein Lauftempo, während sich der Laster entfernt, bis ich nur noch die roten Rücklichter um die Ecke verschwinden sehe. Erst jetzt merke ich, dass es regnet.

Meine Katze ist weg. Mandy sitzt in der Falle.

45,2 kg
Morgens: 1 ½ Brötchen, reichlich belegt mit Butter,
Rahmkäse, Schinken, Nuss-Nugat-Kreme, ½ Liter Kakao
Vormittags: 1 Becher Sahnejogurt,
5 Schokoladenkekse,
1 Glas Multivitaminsaft
Mittags: 1 Tasse Spargelkremesuppe,
1 Hähnchenkeule mit Bruststück und Haut,
200g Kartoffelpüree, 2 Esslöffel Erbsen und Karotten,
1 Schälchen Pfirsiche in Sirup, 1 Glas Vollmilch
Nachmittags: 1 Schokoriegel Nuss-Karamel,
2 Gläser Bananensaft
Abends: 2 Scheiben Roggenbrot, Butter, Salami,
Kräuterquark, Camembertkäse, 1 Schälchen Gurkensalat,
2 Tassen Pfefferminztee
Spätabends: ½ Tüte Kartoffelchips (Paprika),
1 Glas Bananensaft

»Bringst du mir morgen noch mehr von diesen Schokoriegeln mit?« Ich begleite Mama noch bis zur Glastür, sie hat mich heute zum ersten Mal besucht und fingert jetzt in ihrer Handtasche nach dem Autoschlüssel. »Die sind wirklich total lecker.«

Mama lächelt mich an und tätschelt meine Wange. »Wenn du willst, raube ich die ganze Süßwarenabteilung im Supermarkt aus, nur um dich essen zu sehen.«

»Und von dem Bananensaft hätte ich auch noch gern eine Flasche. Oder zwei.«

»Sina!«, Mama lacht und mustert mich verwundert. »Man könnte ja meinen, du bekommst hier in der Klinik nicht genug zu essen und zu trinken! Ich dachte, die päppeln dich auf?«

»Ich habe eben Nachholbedarf!«, rufe ich, während Schwester Andrea am anderen Ende des Gangs erscheint, um für Mama aufzuschließen. »Sei doch froh!«

»Bin ich ja.« Mama überprüft in der Glasscheibe ihr Spiegelbild. »Du siehst auch schon viel frischer aus. Ich wusste ja, dass die Welt gleich wieder anders aussehen würde, sobald du nur wieder richtig isst.«

Ich lungere noch eine Weile auf dem Gang herum, nachdem sie weg ist. Mir ist sterbenslangweilig. Seit Wochen sehe ich nichts anderes als immer dasselbe Zimmer, denselben Flur, Schwester Andrea und ihre Kolleginnen im Schichtwechsel, ein- bis zweimal am Tag einen Arzt, dazwischen die Mahlzeiten. Da gerade Sommerferien sind, findet noch nicht einmal Schulunterricht statt. Nur morgens nach dem Frühstück kommt ein Bewegungstherapeut, der mit mir und den anderen nach draußen geht, aber nicht auf die Straße oder auch nur auf das Klinikgelände, sondern in eine Art Freigehege, ein eingezäuntes Beachvolleyball-Feld. Wenn es regnet, bleiben wir den ganzen Tag drin. An manchen Tagen wird Seidenmalerei angeboten. Ich habe ein Halstuch gemacht in lauter dunklen Farben. Vielleicht schenke ich es Melli.

Ich tigere den Flur auf und ab wie ein eingesperrter Zoolöwe, dabei habe ich genauso wenig verbrochen wie er. Eine Etage höher sollen psychisch kranke jugendliche Straftäter untergebracht sein, vielleicht Vergewaltiger, Diebe. Dass sie die hier einbuchten, kann man ja noch verstehen. Aber was habe ich verbrochen oder Ariane?

Hinter einer Zimmertür höre ich lautes Weinen, jemand tritt immer wieder gegen einen Schrank, dann kippt ein Stuhl um. Die Dienst habende Schwester eilt herbei und macht »Pschscht, pschscht«, während sie die Tür öffnet. Ein langes blasses Mädchen, das ich hier noch nie gesehen habe, kommt mir mit einem Plastikbecher in der Hand entgegen. Als wir auf einer Höhe sind, schaut sie weg.

Als ich wieder in meinem Zimmer bin, setze ich mich aufs Bett und reiße eine Tüte Kartoffelchips auf. Ariane kommt herüber und nimmt sich ebenfalls eine Hand voll. Wir reden nicht viel miteinander, aber es ist angenehm, dass sie da ist. Sie ist hier, weil sie sich zu Hause immer mit einem Messer in die Unterarme geritzt hat, einmal sogar in ihre Pulsadern. Aber warum sie das tat, hat sie noch niemandem erzählt. Still geht sie zurück an ihren Platz am Tisch, schlägt ihr Tagebuch auf und beißt vorsichtig in einen Chip.

Nachdem die halbe Tüte leer ist, fühlt sich mein Magen an wie eine Tonne voll Öl. Schnell trinke ich mein Saftglas in einem Zug leer, doch auch davon wird es nicht besser. Noch dazu haben die Chips meinen Gaumen zerkratzt, alles fühlt sich wund an und brennt. Ich stehe auf, gehe in unser kleines Bad und putze mir die Zähne, danach habe ich wenigstens einen frischen Geschmack im Mund. Aber am liebsten würde ich kotzen.

Nachdem Ariane und ich das Licht gelöscht haben und in unseren Betten liegen, befühle ich mit den Händen meinen Körper. Voller Angst taste ich unter dem Nachthemd meinen Brustkorb ab, noch kann ich die Rippen fühlen, ebenso die Beckenknochen. Aber mein Bauch wölbt sich unter meinen

Fingern nach oben, eine richtige Speckschicht hat sich in den Wochen, die ich jetzt hier bin, schon gebildet. Meine Oberschenkel fasse ich gar nicht erst an, da ist es bestimmt noch schlimmer.

Schon nach sechs Tagen durfte ich meine Mutter bitten, mir den Discman und meine Madonna-CDs mitzubringen, aber ich habe sie noch kein einziges Mal angehört, weil ich dafür meinen Willen verkauft habe. Beides liegt in der hintersten Ecke meines Kleiderschranks. Es ist überhaupt keine Belohnung, weil ich eigentlich gar nicht zunehmen will. Das ist nichts als Hohn und Spott.

Auf dem Nachttisch leuchtet das Display meines Handys auf, das habe ich heute bekommen. Jemand hat mir eine SMS geschickt. Wie jedes Mal fängt mein Herz an zu rasen, weil ich hoffe, dass Fabio mir geschrieben hat. Aber auch dieses Mal habe ich umsonst gehofft.

»Meine Süsse, ich habe deine Mutter angerufen, und sie hat mir erzählt, was du für tolle Fortschritte machst. Ich bin stolz auf dich! Gute Besserung – weiter so! Liebe Grüsse von Melli… und Enrico«, steht da. Ich sinke in mein Kissen zurück und versuche, so leise zu heulen, dass Ariane davon nicht wach wird. Kann aber sein, dass sie auch heult…

Berge von Essen türmen sich vor mir auf. Ich war nur kurz weg, fünf Minuten vielleicht, aber in dieser Zeit sind sie alle heimlich in mein Zimmer gekommen, um diese Kalorienmassen für mich abzuliefern. Dann sind sie verschwunden, ohne ein Wort mit mir zu reden. Der Turm mit den Konservendosen reicht beinahe bis zur Zimmerdecke, der Kuchenberg ist so hoch wie ich. Wie soll das alles in mich hineinpassen? Ich werde Monate brauchen, bis ich auch nur einen Bruchteil davon geschafft habe!

Ich nehme eine Sahnetorte hoch und stelle sie auf eine Kiste Saftflaschen. Unter einem riesigen Brot finde ich zehn halbe Pfund Butter, dahinter zwanzig Becher Schokopudding. Die zahllosen Chipstüten, vor denen ich nun stehe, lassen sich schon leichter wegräumen, ich werfe sie einfach über einen Turm aus Vanillesoßenschachteln. Mit dem Fuß schiebe ich einen Sack voller Schokoriegel beiseite, die Hälfte ist schon herausgefallen. Nun stehe ich vor dem Tisch, dessen ganze Fläche eine einzige, dick belegte Pizza ist. Der Duft von aufquellendem Hefeteig, blubberndem Käse, Zwiebeln und fettiger Salami steigt mir in die Nase, bis ich fast ohnmächtig werde.

Da packt mich die Wut. Sollen die alle ihr ganzes Zeug doch selber essen, wenn sie es so toll finden. Ich werde keinen Bissen davon anrühren, das schwöre ich! Ich schiebe den Tisch mit einem so heftigen Stoß von mir fort, dass er beinahe umkippt. Das wäre ein krasser Anblick gewesen: die ganze Pizza auf dem Fußboden und der Fettkram auf dem Teppich! Dann drehe ich mich um und renne aus dem Zimmer. Unten neben dem Pförtnerhäuschen ist ein kleiner Unterstand aus Holz, in dem ich eine Schubkarre finde. Schnell, noch ehe jemand etwas bemerkt, schnappe ich sie mir. In meinem Zimmer beginne ich hastig, den ganzen fettigen Essenskram auf die Schubkarre zu laden, bis nichts mehr geht.

Gleich ist Besuchszeit. Zuerst kommt Oma. Noch ehe sie ein Wort sagen kann, drücke ich sie auf den Stuhl, an dem ich sonst immer sitze und esse. Mit einem Bettlaken binde ich sie fest. Das Gleiche mache ich mit meiner Mutter, die wenig später hereinkommt, schon wieder mit einer Einkaufstasche voller Lebensmittel und in Begleitung von Onkel Erich und seinem schwabbeligen Sohn Mirko. Als Letzte erscheint Melli, strahlend schön wie immer, unter dem Arm eine Familienpackung Karamellbonbons für mich. Sie alle fessele ich am Esstisch, niemand wird mir entkommen!

Dann beginne ich genüsslich, all die Lebensmittel in meine Lieblingsmenschen hineinzustopfen. Mit der Pizza fange ich an, sonst wird sie ja kalt, nicht wahr, wäre doch schade drum, schließlich habt ihr euch solche Mühe damit gemacht, also bitte, nun esst sie auch! Jeder bekommt eine extra große Portion. Ich meine es gut mit euch, meine Lieben, greift nur zu! Dann kommen der Salat, Tunfisch, Schafskäse und Grünzeug in Sahnedressing, dazu Baguette mit Kräuterbutter gefüllt. Was, ihr seid schon satt? Hier, trinkt erst einmal ordentlich Brause, schön süß. In 0,3 Litern befinden sich zwölf Stück Würfelzucker, habt ihr das gewusst? So, danach rutscht das Essen doch wieder besser.

Kommen wir zum Dessert: Sechs Kugeln Eis mit Schlagsahne, Früchten und einem großzügigen Schuss Schokosirup, in dem drei Kekswaffeln stecken, davon habe ich noch zehn Packungen, falls es nicht reichen sollte. Nur immer hinein damit! Ach, davon wird doch niemandem schlecht, so ein leckeres Eis, wer weiß, ob ihr morgen noch so etwas Gutes aufgetischt bekommt. Die Suppe haben wir vergessen, aber macht nichts, das holen wir nach, die schmeckt auch heute Abend noch, vor den belegten Broten kann das eine richtige Delikatesse sein und wärmt so schön durch. Vorher naschen wir aber noch etwas, nicht wahr? Ein paar kleine Leckereien zwischendurch können nicht schaden. Karamellbonbons, Nugatpralinen, Geleefrüchte, gefülltes Marzipan, Lebkuchen, ja, da staunt ihr, die gibt es jetzt schon, wegen der Leute, die Pakete nach Übersee schicken müssen. Frisch schmeckt eben alles am besten, auch wenn's erst Ende August ist.

Immer hinein damit, es ist genug für alle da!

Melli steht auf, sie ist ganz grün um die Nase. Sie fleht mich an aufzuhören, es passe nichts mehr hinein, ihr sei schlecht. Und da ist es auch schon so weit: Sie würgt, als ich die nächste Gabel in sie reinstopfen will. Auch die anderen sehen mich mit entsetzten Augen an und pressen ihre Lippen zusammen. Niemand will auch nur einen einzigen weiteren Bissen zu sich nehmen, nicht Mama, nicht Oma, nicht einmal mein schmieriger Onkel. Jetzt wissen sie endlich, wie das ist.

Wenigstens für diesen Tag lassen sie mich vielleicht in Ruhe.

»46,2 Kilo.« Doktor Schulz liest die Waage ab und trägt mein Gewicht in die Krankenakte ein. Genau wie Doktor Seefeld im Krankenhaus. Mein Körpergewicht ist alles, was an mir interessant ist! Ich bin »die Magersucht«. »Gratuliere, Sina! Die größte Hürde hätten wir geschafft.« Er schüttelt mir die Hand und strahlt, als hätte ich irgendeinen Wettbewerb gewonnen. Aber ich habe verloren: Alles Hungern der vergangenen Monate war umsonst, meine ganze Selbstdisziplin ist dahin, jetzt bin ich wieder fett wie eine Seekuh.

»Heißt das, ich darf nach Hause?«, frage ich, während ich mich wieder anziehe.

Doktor Schulz klappt meine Akte zu und schüttelt den Kopf. »Das wäre ja nun doch ein bisschen früh, meinst du nicht auch? Aber wir können jetzt alles ein bisschen lockerer angehen. Deshalb verlegen wir dich von der geschlossenen auf die offene Station für Jugendliche.«

Ich merke, wie etwas in mir zusammensackt, gleichzeitig aber spüre ich ein Gefühl von Freiheit. Offene Station, das heißt, ich bin nicht mehr eingesperrt in diesem Zimmer, diesem Flur, dem eingezäunten Sportplatz, der nur durch die Tür der geschlossenen Abteilung zu erreichen ist. Ich darf raus!

Gleich bei meinem ersten Spaziergang im Klinikpark fällt mir auf, dass die Luft bereits ein wenig herbstlich riecht. Zwei Gärtner in grünen Latzhosen harken das erste Laub zusammen. Ob Melli noch ins Freibad geht? Bald wird es zu kühl dafür sein, auf den Beeten blühen Rosen und Astern, bald haben wir September. Wenn ich weiter so viel fresse und zunehme, werde ich sicher in wenigen Wochen entlassen und kann beinahe pünktlich das neue Schuljahr beginnen.

»Alle werden mit ihren Ferienerlebnissen angeben«, jammere ich, als ich zwischen Mama und Felix auf den geharkten Beeten entlanggehe. »Nur wir waren nicht weg. Der ganze Sommer ist versaut.«

»Lag ja an dir«, brummt Felix. »Erzählst du eben allen, du warst im Irrenhaus. Ist doch auch 'n Erlebnis. Filmreif.« Er kickt eine Kugel aus zerknüllter Alufolie mit dem Fuß weg, die irgendjemand hier achtlos hingeworfen hat. Dann spuckt er auf den Boden.

»Das ist kein Irrenhaus, du Hammel!«, blaffe ich zurück. »Das kannst du doch überhaupt nicht beurteilen. Außer mir kennst du hier doch gar keinen Patienten.«

»Reicht ja auch«, muffelt Felix.

»Ariane, mit der ich das Zimmer teile, ist jedenfalls normaler als du.«

»Kinder.« Mama seufzt entnervt auf. »Ihr müsst euch doch nicht auch noch *hier* streiten. Wir wollen doch froh sein, dass du wieder so einigermaßen auf dem Damm bist, Sina. Aber dass es für Felix schade war, nicht in Urlaub fahren zu können, musst du doch verstehen.«

»Er hätte doch zu Tante Irene fahren und ein paar Tage mit Tobias verbringen können!«

»Ach, Mädchen, du stellst dir das so einfach vor«, seufzt

Mama schon wieder. »Dann hätte ich ja extra da anrufen müssen und schildern, was los ist. Das wollte ich nicht. Wer erzählt schon gerne freiwillig, wenn aus der Familie jemand... So schlimm war der Sommer auf Balkonien nun auch wieder nicht, stimmt's, mein Junge?«

Schweigend gehen wir weiter. Mama ist bemüht, uns über unsere Missstimmung hinwegzuhelfen, indem sie ihre Stimme auf »heiter« stellt und munter über alles Mögliche plaudert, Papas Erlebnisse bei der Arbeit, die Nachbarn, unsere Katze. Bei mir hängt sie sich ein, Felix strubbelt sie durch die Haare – wir sollen ihre lieben Kinder sein.

Aber ich könnte heulen. Natürlich hat Felix Recht. Der ganzen Familie habe ich die Sommerferien versaut mit meiner Magersucht, nicht nur mir. Mein Bruder ist ein Volltrottel, aber das hat er nicht verdient. Außer regelmäßig blöde Sprüche zu klopfen, hat er mir eigentlich nichts getan. Auch Mama und Papa hätten sicher Erholung nötig gehabt. Statt sich irgendwo am Strand in der Sonne zu aalen und ein Buch zu lesen, besucht Mama mich in der Psychiatrie.

»Im nächsten Schuljahr strenge ich mich wieder richtig an«, sage ich. »Wenn du willst, helfe ich dir öfter mal in Englisch, Felix.« Mehr zu sagen bringe ich nicht über mich. Felix sieht mich an, als ob ich nicht ganz dicht wäre.

Aber Mama strahlt trotzdem.

48,7 kg
Morgens: 1/2 Scheibe Toastbrot, dünn gebuttert,
1 Tasse Tee, ungesüßt
Vormittags: nichts
Mittags: 50 g Spagetti, 1 Esslöffel mit Wasser verdünnte
Bolognesesoße, 50 ml Vollmilch,
mit Wasser aufgegossen
Nachmittags: nichts
Abends: 1 Scheibe Roggenmischbrot, Butter, Jagdwurst,
1 Glas Vollmilch

»Toll, dass du wieder da bist, Sina.« Melli umarmt mich, dann hält sie mich auf Armeslänge von sich entfernt und mustert mich eingehend. »Du siehst super aus, total klasse! Fast wieder die alte. Wie viel wiegst du jetzt?«

»48 Kilo. Etwas mehr zunehmen soll ich aber noch.« Ich löse mich von ihr und weiche auch ihrem Blick aus. Irgendwie kommt sie mir fremd vor, wir haben uns ja ewig nicht gesehen. Ein Mädchen aus der Parallelklasse winkt ihr von weitem zu, und als Melli strahlend zurückwinkt, sieht sie so aus, als ob sie mit ihr inzwischen viel enger befreundet ist als mit mir – als ob sie sich erst gestern die neuesten Geheimnisse erzählt hätten.

So unauffällig wie möglich halte ich nach Fabio Ausschau, doch gleichzeitig habe ich Angst davor, ihn mit seiner Freundin zu treffen. Melli legt ihre Hand auf meinen Arm und wir gehen zusammen in unseren Klassenraum. Das Schuljahr hat schon vor vierzehn Tagen begonnen, und das Gemurmel klingt schon nach Alltag, während es für mich der erste Tag ist. Mit klopfendem Herzen will ich auf meinen Sitzplatz zusteuern, als ich plötzlich feststelle, dass er schon besetzt ist.

»Herr Winter hat eine neue Sitzordnung gemacht«, sagt Melli beinahe entschuldigend. Im alten Schuljahr haben wir nebeneinander gesessen. »Aber da hinten neben Kevin ist noch ein Platz frei.«

Ich hänge meinen Rucksack über die Stuhllehne und setze mich hin. Mir ist heiß. Ich wünschte, der Schultag wäre schon vorbei.

»Nein, Mama, lass mich das machen.« Ich nehme meiner Mutter den Kochlöffel aus der Hand und drücke sie auf den Küchenstuhl, auf dem ich eben noch selbst gesessen habe.

»Ich will mich nicht verwöhnen lassen. Ich habe so viele Wochen nur gefaulenzt. Was glaubst du, was ich jetzt für einen Tatendrang habe. Außerdem macht es mir Spaß zu kochen.«

Mit gerunzelter Stirn sieht Mama mich an, doch sie bleibt sitzen. »Aber nicht dass du mich wieder austrickst und heimlich hungerst«, warnt sie mich, »du hast ja gesehen, wohin das führt.«

»Wie soll ich dich austricksen, wenn du bei mir bist?«, frage ich und rühre die angebratenen Zwiebeln für die Bolognesesoße um. »Du brauchst wirklich keine Angst zu haben. In der Klinik hast du doch gesehen, dass ich jetzt esse wie ein Scheunendrescher.«

Mit schwungvollen Bewegungen werfe ich Schinkenwürfel und Hackfleisch in den Topf, gebe Tomatenmark dazu und gieße das ganze mit Brühe auf. Schon steigt mir der Duft in die Nase, oben sehe ich gelbe Fettaugen schwimmen. Ob in meiner Schreibtischschublade noch Abführtabletten liegen?

»Dann lasse ich dich einen Augenblick allein und gieße die Blumen.« Mama steht auf. »Ruf uns, wenn alles fertig ist.«

Die Spagetti müssen zehn Minuten kochen, die Soße ist so gut wie fertig. Nur noch die Gewürze, danach habe ich noch ein paar Minuten Zeit. Von einer seltsamen inneren Unruhe getrieben, gehe ich ins Bad und schließe mich ein. Unser Spiegel über dem Waschbecken ist nicht groß, man kann sich darin nur abschnittsweise betrachten, aber immerhin. So schnell ich kann, ziehe ich mich nackt aus und stelle mich auf einen Schemel, um meinen Bauch, meinen Hintern und meine Oberschenkel kritisch zu begutachten.

So richtig schlank finde ich mich nicht. Mein Hintern ist noch ziemlich dick, und die Oberschenkel sind auf dem besten Weg, wieder so breit zu werden wie am Anfang meiner Diät. Vielleicht habe ich in der Psychiatrie mehr zugenommen, als Doktor Schulz mir weismachen wollte. Vielleicht haben sie die Waage verstellt. Sonst würde sich doch auch mein Bauch nicht so vorwölben!

»Sina!« Mama klopft gegen die Badezimmertür. »Sina, was machst du denn so lange da drin, die Nudeln kochen über! Du musst die Herdplatte herunterstellen und vor allem dabeibleiben!«

Beinahe stoße ich den Schemel um, als ich wie ertappt herunterklettere und nach meinen Sachen greife. »Ich komme ja schon«, rufe ich, »ich war nur auf der Toilette!« Ehe ich mich wieder anziehe, drücke ich rasch auf die Spülung. Ich muss beim Mittagessen aufpassen, schießt es mir durch den Kopf. Sonst gehe ich noch mehr aus dem Leim.

Als wir am Tisch sitzen, machen alle zufriedene Gesichter. Felix strahlt sowieso immer, wenn es Spagetti gibt, aber heute macht es mich besonders froh. Auch Mama lächelt. Es ist lange her, seit wir zum letzten Mal zusammen Mittag gegessen haben. Dann gießt sie unsere Gläser mit Milch voll.

»Nun lasst es euch schön schmecken«, sagt sie wie die perfekte Gastgeberin. Dabei habe doch *ich* gekocht.

»Was ist denn, Sina, fehlt noch etwas?«, fragt sie mich kurz darauf, als ich plötzlich aufstehe und in die Küche eile.

»Der Parmesankäse«, antworte ich, »und mein Glas ist am Rand nicht ganz sauber.« Vollmilch mit 3,5% Fett hat 65 Kalorien pro 100 Milliliter. In mein Glas passt bestimmt ein Viertelliter. Also insgesamt 140 Kalorien, das ist ja schon eine komplette Mahlzeit! Geräuschlos gieße ich fast den ganzen Inhalt in den Ausguss, fülle den Rest mit Wasser wieder auf und rühre um. Nur wenn man ganz genau hinschaut, erkennt man am oberen Rand einen leicht durchsichtigen Schimmer. Perfekt! Ich greife nach dem Parmesanstreuer und gehe zurück ins Esszimmer, setze mich und wickle eine kleine Menge Spagetti um meine Gabel.

»Nimmst du keine Soße?« Mama beobachtet mich beim Essen ganz genau.

»Doch, doch«, sage ich eilig, werfe einen Blick in die Schüssel und nehme sie zusammen mit meinem Teller hoch. »Wartet, ich fülle noch Heißes aus dem Topf nach.«

Der Trick mit der Milch funktioniert auch bei dieser fetten Soße. Nur einen Esslöffel voll schöpfe ich mir in ein Schälchen ab, gieße Wasser drauf und habe bestimmt massig Kalorien gespart, als ich das Ganze über meine Spagetti schütte. Dann fülle ich seelenruhig die Schüssel auf.

So trickse ich mich durch den Tag, bis ich abends im Bett

liege und zum ersten Mal seit langer Zeit wieder meinen knurrenden leeren Magen spüre. Ruhig und gelassen schlafe ich ein.

Am nächsten Morgen steige ich sofort nach dem Aufstehen auf die Waage. Mich trifft fast der Schlag. Nicht ein Gramm habe ich abgenommen! Immer noch 48, 7 Kilo! Wenn das so weitergeht, bin ich bald wieder eine Tonne.

In der Küche schmiere ich mir schnell ein Toastbrot, stürze etwas Tee hinunter und verschwinde mit der Erklärung, ich hätte noch eine wichtige Hausaufgabe vergessen, in meinem Zimmer. Zwanzig Minuten habe ich noch Zeit, um Sport zu treiben. Liegestütze sollen am meisten Kalorien verbrauchen und für den Schulweg nehme ich ab heute das Fahrrad.

»Es ist doch nicht schlimm, dass du die Klasse wiederholen musst.« Meine Mama nimmt mich in die Arme, sie ist so schön warm und weich, und endlich löst sich der Kloß in meinem Hals. Das Weinen bricht aus mir heraus, während ich mich an sie kuschele. Sie hält und hält mich, sie wiegt mich zärtlich und sanft hin und her wie ein Baby, obwohl ich eigentlich schon zu groß dafür bin.

»Aber ich habe dich enttäuscht«, schluchze ich. »Du warst immer so stolz auf meine guten Noten, auf meine Zeugnisse. Nur wegen Mathe ist jetzt alles versaut. Ich bleibe sitzen und muss mit lauter Kleinkindern in eine Klasse.«

»Viele berühmte Leute sind früher mal sitzen geblieben«, versucht Mama, mich zu trösten. »Und dass deine neuen Klassenkameraden ein Jahr jünger sind, wirst du kaum merken. Mit Jenny aus der Nachbarschaft spielst du doch auch ganz gerne. Und die ist fast zwei Jahre jünger.«

Ich schniefe und heule, es ist zu schön, so getröstet zu werden.

»Was meinst du, was du den anderen alles an Wissen voraushaben wirst«, fährt Mama fort und streichelt sanft über mein Haar. »Das nächste Schuljahr wird ganz toll, wart's nur ab.«

»Du bist mir also nicht böse?«, frage ich und hebe meinen Kopf, um sie anzuschauen.

»Quatsch«, antwortet Mama energisch. »Es gibt doch Wichtigeres als schulische Leistungen. Papa und ich, wir haben dich lieb, so wie du bist. Ganz bestimmt.«

Wind und Regen peitschen mir ins Gesicht. Meine Haare sind schon nach fünf Minuten völlig durchnässt und eben wären mir die Reifen fast auf dem nassen Laub weggerutscht. Eigentlich bin ich schon jetzt viel zu ausgepowert, um bei diesen Herbststürmen Mitte Oktober noch zur Schule zu radeln. Wie schon seit Wochen habe ich mir den Wecker eine Stunde früher als nötig gestellt, um morgens ausgiebig Gymnastik in meinem Zimmer zu machen: Ab fünf Uhr früh, da ist es noch dunkel und mein Gehampel auf dem Teppich fällt niemandem auf. Fast vier Kilo habe ich auf diese Art immerhin wieder abgenommen.

Manchmal frühstücke ich mit den anderen, damit Mama aufhört, mich so genau zu beobachten, wie sie es sich seit meiner Entlassung aus der Psychiatrie angewöhnt hat. Auch mittags sitze ich meistens mit am Tisch. Aber da habe ich so meine Tricks, die Portion auf meinem Teller viel größer und kalorienreicher aussehen zu lassen, als sie ist, dann ist es nicht so schlimm. Hinterher mache ich sowieso gleich wieder Liegestütze in meinem Zimmer, fahre nachmittags oft noch mal mit dem Fahrrad weg und komme erst wieder, wenn das Abendessen schon vorbei ist. Während meine Eltern im Wohnzimmer die Nachrichten sehen, klappere ich in der

Küche laut mit dem Geschirr und raschele mit Zellophanpapier, wobei ich es immer schaffe, ein benutzt aussehendes Gedeck in die Spüle zu stellen. Mehrmals am Tag steige ich auf die Waage.

So ein Mist, die erste Stunde fällt aus. Herr Winter ist krank und so früh lässt sich keine Vertretung organisieren. Ein paar Jungen, die auch schon da sind, jubeln und machen sich gleich wieder auf den Heimweg. Tina und Svenja wollen im Sekretariat fragen, ob wir im Klassenraum bleiben und uns still beschäftigen dürfen. Ich werde die Zeit nutzen, um noch ein bisschen Fahrrad zu fahren, nass bin ich ohnehin schon. Dann kann ich wenigstens ganz sicher sein, dass ich mehr Kalorien verbrauche, als ich heute schon zu mir genommen habe.

Als ich aus dem Haupteingang trete, begegnet mir Melli. Am Rand der Kapuze triefen auch ihre Haare vor Nässe.

»Wo willst du denn hin?«, fragt sie erstaunt. »Fällt die erste Stunde aus?« Ich nicke und schiebe mich an ihr vorbei.

»Warte doch«, ruft sie, »das ist doch super, dann gehen wir beide in die Cafeteria, frühstücken zusammen und quatschen mal wieder ausgiebig! Wie in alten Zeiten!«

»Geht nicht«, antworte ich, schon im Laufen. »Ich muss noch mal zurück. Mathebuch vergessen!«

Ein Kälteschauer überläuft mich, während ich in die Pedale trete, um noch einmal durch dieses Mistwetter zu hetzen. Vor meinem geistigen Auge taucht ein Bild von Melli und ein paar anderen Leuten aus unserer Klasse auf, wie sie gemütlich im Warmen sitzen, mit Kakaopulver bestäubten Milchschaum aus einer riesigen Cappuccinotasse löffeln und heiße Croissants bestellen. Als ich kurz vor dem Klingeln zur zweiten Stunde völlig außer Puste auf meinen Platz im Klassenraum sinke, sehe ich, wie Melli mir den Rücken zudreht. In meiner

Hand in der Jackentasche halte ich eine noch geschlossene Kastanie, die ich auf dem Schulhof gefunden habe. Ich drücke sie so fest, dass ihre harten braunen Stacheln in mein Fleisch stechen. Dann setze ich mich stumm auf meinen Platz.

Noch zehn Situps, danach noch dreißig Liegestütze, dann habe ich es geschafft, denke ich, als ich mich im Schlafanzug auf den Teppich lege. Es ist schon nach 23 Uhr, aber ich habe abends schon wieder zu viel gegessen, weil Mama immer zu mir hingesehen, jeden Bissen mitverfolgt hat. Ich hatte keine Wahl, die ganze Scheibe Brot mit viel zu dick geschnittener Jagdwurst musste ich aufessen. Als ich zwischendurch mit meinem Teller rausgehen wollte, um in der Küche die Butter herunterzukratzen und die dicken Wurstscheiben gegen hauchdünne auszutauschen, hielt Mama mich fest. Nicht einmal die Milch konnte ich verdünnen. Seitdem turne ich, die meiste Zeit davon weinend. Zuerst habe ich laute Musik aufgelegt und getanzt, was zu immer hektischeren Aerobic-Übungen geführt hat, doch das fiel wenigstens nicht auf. Als ich schweißüberströmt aufhören musste, bin ich zu etwas ruhigerer Gymnastik übergegangen – selbst dabei verbraucht man Kalorien, wenn auch nicht so viele. Die Muskelübungen am Boden sollen jetzt den Abschluss machen, aber eigentlich kann ich überhaupt nicht mehr. Ich bin so kaputt, denn ich mache das ja nicht nur heute so, sondern schon seit Wochen, jeden Tag, ich muss das alles schaffen, dazu jeden Nachmittag für die Schule lernen, stundenlang, ich will meine Zeit nicht einfach verplempern, nicht nutzlos auf der Welt sein, wozu bin ich überhaupt auf der Welt? Ich kann nicht mehr!

Die dreißig Liegestütze sind vorbei. Ich habe es geschafft. Fünf kann ich eigentlich noch dranhängen. Dann rappele ich mich hoch, stelle meinen Wecker wieder auf fünf Uhr und krieche ins Bett. Noch immer laufen Tränen über mein Gesicht.

Eigentlich führe ich ein Scheißleben.

44 kg
Morgens: 1 Knäckebrot, dünn gebuttert
Vormittags: 1 Glas Multivitaminsaft (verdünnt)
Mittags: 1 Teller Kartoffelsuppe (verdünnt)
Nachmittags: 2 kleine Schokoladenkekse,
1 Tasse Tee
Abends: 1 Scheibe Schwarzbrot, dünn gebuttert,
1 Scheibe Käse, 45% Fett

»Du gehst heute nicht zur Schule, Sina«, sagt Mama wenige Tage später und hält mit einem sehr ernsten Blick meine Hände fest. »Wir beide nehmen uns heute einmal richtig Zeit füreinander, ganz ungestört. Ich möchte mit dir reden.«

Ich bin so überrascht, dass ich im ersten Moment kein Wort herausbringe. Dann murmele ich etwas davon, dass wir heute einen Chemietest schrieben und ich doch gar nicht krank sei. Aber gleichzeitig weiß ich, dass es zwecklos ist. Auf einmal werde ich ganz ruhig. Ich setze mich meiner Mutter gegenüber auf einen Stuhl, ohne meine Hände aus ihren zu ziehen. Felix zieht seine dicke Jacke an und geht los, Papa ist schon weg. Im Esszimmer ist es so still, dass ich die Uhr an der Wand ticken höre.

»Mir ist aufgefallen, dass du dich verändert hast, Sina«, beginnt Mama, »und damit meine ich nicht nur, dass du wieder abgenommen hast. Nein, protestiere nicht, wir haben es alle gesehen. Die ganze Familie.«

Ich sacke auf meinem Stuhl etwas zusammen und senke den Kopf. Eine Hand ziehe ich nun doch aus ihren und fahre mit dem Finger eine Falte auf meiner Jeans nach, die beim Waschen entstanden ist.

»Du lachst nicht mehr. Du verabredest dich nicht mehr mit anderen jungen Mädchen. Dauernd bist du unterwegs, aber nie kommst du angekichert oder mit leuchtenden Augen zurück. In deinem Zimmer sieht man dich nur lernen. Du telefonierst nicht mal mehr. Und von dem Geld, dass du im Sommer für dein gutes Zeugnis bekommen hast, kaufst du dir nichts, was dir Freude macht.«

»Letztes Mal war dir mein Outfit gleich zu nuttig.«

»Ja, ich weiß«, seufzt Mama und dreht an ihrem Ehering. »Vielleicht war das ein Fehler. Ich hatte Angst um dich in diesem aufreizenden Shirt. Aber das war gar nichts gegen die Angst, die ich jetzt um dich habe.«

Vor meinem ersten Krankenhausaufenthalt hätte ich an dieser Stelle steif und fest behauptet, mir ginge es gut. Was wollt ihr alle, hätte ich gerufen, bringe ich nicht jede Woche Traumnoten nach Hause, bin ich nicht aktiv und leistungsfähig? Wie kommt ihr nur darauf, ich könnte krank sein?

Aber jetzt ist es anders. Ich weiß genau, dass Mama solche Argumente nicht mehr gelten lassen würde. Und ich weiß, dass es so nicht weitergehen kann. Wie in einer magischen Glaskugel sehe ich mein Leben vor mir, wie es weitergeht, wenn jetzt nicht irgendetwas passiert. Wie es weitergeht oder wie es endet.

»Diese Entwicklung und dein erneuter Gewichtsverlust«, fährt Mama fort, »beides zusammen, das ist... da ist es mit mehr essen und zunehmen alleine nicht getan. Ich dachte, es wird wieder, aber kaum warst du aus der Klinik, ging alles wieder von vorne los. Manche Krankheiten sollen ja... wie soll ich sagen... seelische Ursachen haben.«

Ganz kurz sehe ich meine Mutter an, dann schaue ich wieder nach unten. Die Uhr an der Wand tickt ganz schön laut, finde ich. Ich widerspreche nicht, ich wehre mich nicht, ich stimme nicht zu. Ich sitze nur da und atme, spiele ein bisschen mit meinen Fingern herum, atme. Ich träume nicht einmal mehr. Die Stimmung zwischen uns kommt mir vor wie eine Feder, die bei einer Kissenschlacht durch die Luft gewirbelt wird und nun langsam und lautlos zu Boden segelt. Wir haben aufgehört zu kämpfen.

Schließlich steht Mama auf und füllt den Wasserkocher, schaltet ihn ein, nimmt zwei Beutel Ostfriesentee aus dem Küchenschrank, aber keine Kekse.

»Papa hat mir von einer Arbeitskollegin erzählt, deren Tochter auch Magersucht hatte«, erzählt sie in das anschwellende Rauschen des Wasserkochers hinein. »Dem Mädchen wurde in einer speziellen Klinik geholfen, in der man sich ausschließlich auf die Therapie von Jugendlichen mit Essstörungen konzentriert.«

»*Papa?*« Mit einem Ruck richte ich mich auf und starre Mama an. Sicher klinge ich so, als hätte sie gesagt, der Mann im Mond. »Der hat... der redet... der hat was an mir bemerkt und... hast du wirklich gesagt, *Papa?*«

Das Teewasser siedet jetzt, der Kocher schaltet sich mit einem Klicken selbsttätig ab, jetzt blubbert es nur noch leise. Mama legt die Beutel in unsere große, bauchige Teekanne und gießt auf.

»Ich denke, wir sollten uns da mal erkundigen«, sagt sie,

wischt ein paar Krümel von der Tischdecke und stellt für uns Tassen hin. »Ohne fachliche Hilfe schaffen wir das nicht.«

Ich nicke kaum merklich, als duftender, heißer Dampf bis zu meinem Gesicht aufsteigt. In amerikanischen Filmen würden Mutter und Tochter sich an dieser Stelle schluchzend in die Arme fallen, mit tränenerstickter Stimme beteuern, wie sehr sie einander lieben, und sich gegenseitig versichern, nun werde alles gut. Das machen wir nicht. Aber ganz in Gedanken rühre ich einen halben Teelöffel Zucker in meine Tasse.

»Du warst schon in Lebensgefahr und bist auf dem besten Wege wieder dorthin.« Die Psychologin mit dem kinnlangen grauen Haar nickt, während sie schreibt. Dann legt sie den Kugelschreiber hin, lehnt sich in ihrem Kiefernholzsessel zurück und sieht mich über den Rand ihrer Brille hinweg an. »Da müssen wir schnell handeln, das stimmt. Da brauchst du schnell einen Platz im Haus *Schmetterling*.«

Mama sieht ein wenig nervös aus. »Und wie geht es dort vor sich, wie sieht die Behandlung im Einzelnen aus?«

»Es ist dort nicht so wie in einer ›normalen‹ Klinik. Die Mädchen – und leider immer häufiger auch Jungen – leben gemeinsam in kleinen Wohngruppen von bis zu sechs Jugendlichen. Sie müssen sich das wie eine Art Wohngemeinschaft vorstellen. Jeweils zwei Mädchen teilen sich ein Zimmer, dann gibt es einen Gemeinschaftsraum und natürlich die Küche. Unter fachlicher Anleitung lernen die Jugendlichen, wieder neuen Zugang zu Nahrung, der Zubereitung von Mahlzeiten, zu einem unbelasteten Essverhalten und zu einem gesunden Umgang mit ihrem eigenen Körper zu finden.«

»Eine Wohngemeinschaft…« Mama schaut etwas skeptisch. »Sind die Kinder denn da nicht ein bisschen sehr auf sich allein gestellt, ich meine ...«

Die Psychologin lächelt nachsichtig. »Es ist rund um die Uhr eine fachliche Betreuung da. Da können Sie ganz unbesorgt sein. Außerdem haben Sie ja Kontakt zu Ihrer Tochter. Und für die Jugendlichen, die in solchen Fällen zumeist aus sehr behüteten Elternhäusern kommen, ist es eine ganz wichtige Erfahrung, einmal für sich selbst verantwortlich zu sein. Das trägt oft erheblich zur Überwindung der Magersucht bei.«

Das Zimmer, das wir betreten, ist hell und freundlich, es wirkt kein bisschen wie in einem Krankenhaus. Die Möbel erinnern mich an Mellis Zuhause, viel helles Holz, wuschelige Flokatis vor den Betten, gemütliche Lampen aus Reispapier, die Wände in einer gelblichen Abtönfarbe gestrichen, sodass es aussieht, als ob immer die Sonne hineinscheint. An den Fenstern hängen moderne Gardinen, die genau zu der Einrichtung passen. Es sieht aus, als ob ich das Bett am Fenster bekomme, es scheint unbenutzt zu sein. Über dem zweiten Bett hängen Fotos und selbst gemalte Bilder. Eine weiß gestrichene Tür führt in ein kleines, gut beheiztes Badezimmer mit rosa gemusterten Kacheln. Ich glaube, hier lässt es sich aushalten.

»Deine Mitbewohnerin Janine hat gerade Therapie«, erklärt mir Margot, die Gruppenbetreuerin, die Mama und mich auch empfangen und hergeführt hat, und öffnet einen leeren Kleiderschrank, in den ich meine Sachen hängen soll. »Bei dir geht es damit erst morgen los, heute lassen wir dich noch in Ruhe, damit du dich etwas einleben kannst. Du lernst Janine nachher beim Kochen kennen. In einer Stunde hole ich dich hier ab.«

Als Margot wiederkommt, hat sie ein Mädchen dabei. Ich sehe auf den ersten Blick, dass es Janine sein muss. Wie dünn sie ist! Bestimmt wiegt sie mindestens fünf Kilo weniger als ich, dabei sind wir ungefähr gleich groß. Ihr Gesicht ist blass, ihre mittelblonden Haare wirken glanzlos und trotz der Naturwelle ohne Schwung. Als Margot uns einander vorstellt, geben wir uns die Hand. Leicht und kühl liegt Janines Hand für einen Augenblick in meiner. Wie lange sie wohl schon hier ist?

»Nachher habt ihr noch ausgiebig Zeit zum Quatschen«, verspricht uns Margot, »aber nun kommt mit. Wir machen heute Ratatouille mit Reis und zum Nachtisch Vanillequark.«

Als wir die geräumige Gemeinschaftsküche betreten, stehen schon vier andere Mädchen vor der Arbeitsfläche und ziehen Schneidbretter, Messer, Siebe, Töpfe und Kochlöffel aus den Schubladen. Das also ist meine Wohngruppe, denke ich und ertappe mich dabei, wie ich schnell abchecke, ob ich das dickste unter den Mädchen bin. Ich weiß es nicht. Dünn sind sie alle.

»Ihr Lieben, das ist Sina Wagenknecht, unsere Neue«, sagt Margot. Die Mädchen lächeln mich freundlich an und begrüßen mich ebenfalls, zuerst Silvia mit dem dunklen, viel zu braven Ponyhaarschnitt, dann die blonde Stefanie mit den leicht abstehenden Ohren, die fast einen Kopf kleiner ist als ich, Anna, deren Kleidung aussieht wie aus der Waschmittelwerbung, und schließlich Constanze mit dem braunen Pagenkopf. Sie macht den gesündesten Eindruck.

»Also, dann fangt mal an«, meint Margot und öffnet die Kühlschranktür. »Es ist alles da. Wir brauchen Auberginen, Zucchini, Tomaten, Zwiebeln und Knoblauch, dazu etwas

Rindergehacktes. Das Gemüse schneidet ihr bitte in fingerdicke Scheiben, während eine von euch schon mal das Fleisch mit den gewürfelten Zwiebeln anbraten kann. Wer hilft mir inzwischen mit der Quarkspeise?«

Eine gute halbe Stunde später sitzen wir alle am Tisch. Es ist das erste Mal seit Mellis Geburtstag, dass ich wieder mit mehreren Jugendlichen zusammen esse. Aus der großen Schüssel duftet es nach Oregano und Basilikum. Nachdem wir uns einen guten Appetit gewünscht haben, dürfen wir uns auftun. Margot erklärt mir, dass ich am Anfang nur etwa 1000 Kalorien zu mir nehmen müsse, mich jedoch allmählich steigern sollte. »Etwa 2300 Kalorien pro Tag sind unser Ziel«, sagt sie in meine entsetzten Augen hinein. »Das ist die Menge, die ein junger Mensch unter normaler körperlicher Belastung braucht, um gesund zu bleiben und weder zu- noch abzunehmen.«

Für einen kurzen Moment denke ich an meine Fressorgien in der Psychiatrie und mein wahnwitziges Sportprogramm während der letzten Wochen. Wie viele Kalorien habe ich da am Tag zu mir genommen, wie viele verbraucht? Ich weiß es gar nicht mehr so genau! Woran soll ich mich festhalten? Ich will hier nicht fett werden! Aus dem Augenwinkel beobachte ich die anderen Mädchen, während sie sich Ratatouille auf ihre Teller füllen. Ich nehme mir als Letzte und achte genau darauf, mir zumindest etwas weniger zu nehmen als sie. Ich spieße ein Stückchen Zucchini auf meine Gabel, ein wenig Tomatensoße tropft zurück auf den Teller. Dann beiße ich ab. Es schmeckt gut!

»Wie hat es bei dir angefangen mit der Magersucht?«, fragt Janine mich am Abend, als wir allein in unserem Zimmer sind. Es ist schon dunkel draußen, wir haben die Vorhänge zugezogen und unsere Nachttischlampen verbreiten ein gemütliches Licht. Während leise Radiomusik läuft, strickt Janine an einem Schal, und ich knie auf meinem Bett und pinne ein Poster von Madonna an die Wand, daneben einen Kalender und ein Foto von meiner Katze Mandy. Nun sieht man wenigstens, dass auch ich hier wohne.

»Angefangen?«, frage ich gedehnt. »So genau weiß ich das eigentlich auch nicht, aber...« Etwas zögernd fange ich an zu erzählen, von dem Getuschel der Tanten an Opas Geburtstag über meine stämmigen Oberschenkel, der schlüpfrigen Stimmung zwischen meiner Mutter und Onkel Erich, während ich nicht mal ein tief ausgeschnittenes Top tragen durfte, unser ständiges »Familie-Sonnenschein«-Getue, Mellis Traumfigur, Fabios Anmache, alles. Immer eifriger rede ich, erzähle und erzähle, blicke dabei auf Janines zarte Hände, deren Haut fast durchsichtig schimmert, während sie strickt und der Schal langsam wächst, Masche um Masche, Reihe für Reihe. An manchen Stellen sieht sie kurz auf und nickt. »Das kenne ich«, sagt sie dann, oder: »Genau wie bei mir.« Hin und wieder müssen wir sogar lachen. Lachen!

Als die Kirchturmuhr im Ort Mitternacht schlägt, kenne ich auch Janines Geschichte. Natürlich hat sie nicht exakt das Gleiche erlebt wie ich. Aber als uns endlich die Augen zufallen und ich mich auf die Seite drehe, um durch einen Spalt im Vorhang in den Sternenhimmel zu sehen, merke ich, dass ich ein Lächeln auf dem Gesicht habe, obwohl nicht einmal mehr mein Magen knurrt.

»Du hast eine Schwester, Sinchen«, sagt meine Mama leise und hebt das kleine weiße Bündel ein wenig an, das in ihrem Arm liegt. Staunend betrachte ich das winzige Gesichtchen, den dunklen Haarflaum, die Puppenhändchen. Ich kann es nicht glauben. Wie süß sie ist! Vorsichtig strecke ich einen Finger aus und berühre ihre kleine Wange, die so zart und weich ist, dass ich sie kaum spüre. Dann halte ich meinen eigenen Finger neben ihren und komme mir unheimlich groß vor. Meine kleine Schwester! Ich will sie beschützen, solange ich lebe, das schwöre ich.

Gerade als ich Mama fragen will, ob ich das Baby einmal halten darf, bemerke ich, dass ihr die Augen zugefallen sind. Kein Wunder, so eine Geburt ist sicher anstrengend und mein Schwesterchen ist erst seit sechs Stunden auf der Welt. Sie schläft auch. Also hole ich mir, so leise ich kann, einen Stuhl und schaffe es, ihn lautlos neben Mamas Krankenhausbett zu stellen. Ich setze mich darauf und warte, bis Papa und Felix zurückkommen, die am Kiosk etwas zu essen holen wollten. Hoffentlich bringen sie mir was mit.

Ich sitze ziemlich lange und passe auf, als Mama auf einmal im Schlaf etwas murmelt. Ihre Hände, die mein Schwesterchen umfangen, gleiten etwas auseinander, es sieht aus, als ob sie sich auf die Seite rollen möchte. Da passiert es auch schon. Das Neugeborene rutscht aus Mamas Armen, gleich fällt es, alles geht so schnell, aber ich bin ja da, ich bin die große Schwester, ich fange das Kleine auf. Es wird noch nicht einmal wach, als es plötzlich statt in Mamas in meinen Armen liegt und ich es behutsam in sein eigenes Bettchen lege und zudecke. Wie süß sie aussieht!

Da schlägt Mama die Augen auf. Sie weiß sofort, was geschehen ist. »Du bist mein großes, besonderes Mädchen«, lächelt sie, »ich danke dir. Möchtest du für deine kleine Schwester den Namen aussuchen?«

Papa kommt mit Felix ins Zimmer, im Arm hält er ein Paket voll duftender Gebäckteile.

Ich muss gar nicht überlegen. Der Name ist sofort da.

»Sie heißt Janine«, sage ich.

46,3 kg
Morgens: ½ Brötchen mit Butter und Marmelade,
2 Tassen Tee, leicht gesüßt
Vormittags: 1 Becher Magerjogurt
Mittags: 1 Teller Gemüsesuppe mit Wurst,
1 Glas Cola (kalorienreduziert)
Nachmittags: nichts
Abends: 1 Scheibe Vollkornbrot, Butter,
1 Scheibe Putenbrustfilet,
2 Tassen Pfefferminztee, ungesüßt

Die Wochen vergehen, und ich spüre immer mehr, wie gut ich mich hier im »Haus Schmetterling« schon eingelebt habe. Mir gefällt der Tagesablauf, die gemeinsamen Mahlzeiten in der Gruppe, die Gespräche mit den anderen Mädchen und besonders mit Janine. Es tut so unendlich gut, sich endlich einmal verstanden zu fühlen, denn wir alle haben gute und schlechte Tage. Manchmal gelingt es uns relativ leicht, zu essen und am nächsten Tag ein paar Gramm mehr auf der Waage abzulesen, dann wieder stürzt uns allein der Gedanke daran in tiefe Verzweiflung. An solchen Tagen beginnen die alten Spielchen von neuem, das Herumstochern im Essen, das Verteilen einer winzigen Portion auf dem Teller, damit es nach mehr aussieht, das heimliche Turnen im Badezimmer, um Kalorien zu verbrauchen, die Ausflüchte, man habe keinen Hunger. Aber immer wieder machen wir uns gegenseitig Mut, ein Leben ohne Hungern zu versuchen. Unsere Betreuerin Margot hilft uns dabei. Ich mag sie sehr, sie wirkt weich und kuschelig in ihren dicken Angorapullis mit weitem Rollkragen, ihren halblangen Locken, die schon ein bisschen von grauen Fäden durchzogen sind, ihrer molligen Figur. Manchmal möchten wir Mädchen uns einfach nur weinend in ihre Arme werfen und tun es auch.

»Ihr armen Mädchen«, sagt sie dann und wiegt uns hin und her wie kleine Kinder. »Wie anstrengend muss es sein, dieses Leben aus lauter Hunger, Lügen und Traurigkeit.«

An manchen Tagen sind wir aber auch total fies und kratzbürstig zu ihr und wollen in Ruhe gelassen werden und nichts essen. Trotzdem fühlen wir uns von ihr nie so schlecht angesehen, wie wir es aus den Krankenhäusern fast alle kennen.

Fast jeden Tag haben wir Therapie, einzeln oder in der Gruppe. Unsere Therapeutin Frau Cordes versucht in Gesprächen, bei jeder von uns die Gründe für die Magersucht herauszufinden. Vieles ist bei uns allen ähnlich; wenn Anna, Janine oder Silvia erzählen, ist mir manchmal zumute, als bekäme ich einen Spiegel vors Gesicht gehalten. Es ist ganz anders als zu Hause oder mit Melli, dort haben wir nie über Gefühle gesprochen und hier tun wir es dauernd. Manchmal ist mir das alles zu viel, dann rede ich auch kaum. An anderen Tagen ist es wieder besser, weil ich spüre, dass es mir hilft.

Manchmal macht Frau Cordes auch Rollenspiele mit uns in den Einzelstunden. Dabei spielen wir Situationen aus unserem Leben, in denen wir uns schlecht gefühlt haben, noch einmal durch, um zu lernen, wie wir uns selbstbewusster verhalten können und nicht mehr gekränkt werden. Oft ist es anstrengend und manchmal finde ich es auch komisch und vor allem am Anfang etwas peinlich. Aber hinterher merke ich meistens, dass es mir gut getan hat.

Zu einer solchen Stunde muss ich jetzt gleich.

»Das kann ich nicht, wie auf Kommando wütend Nein sagen.« Ich bleibe sitzen, verschränke die Arme vor der Brust und sehe Frau Cordes trotzig an. »Da komme ich mir total albern vor.«

»Natürlich kannst du das. Du glaubst es nur, weil du bisher in deinem Leben zu selten Nein gesagt hast. Du bist darin ungeübt. Wir spielen es einfach!«

»Spielen?« Ich begreife nicht, worauf sie hinauswill.

»Pass auf. Ich bin dein Onkel Erich, der dir ziemlich beschwipst an die Wäsche will. Du versuchst, dich zu wehren.« Sie steht auf und kommt einen Schritt auf mich zu. »Ich provoziere dich, indem ich deinen Onkel spiele. Am Anfang mag es dir wirklich albern vorkommen, aber du sollst das Nein sagen lernen. Deshalb werde ich mich so benehmen, dass du richtig wütend wirst – so wütend, wie du es auf Onkel Erich hättest sein müssen, als er auf der Familienfeier deinen Busen angefasst hat.«

Ich glotze sie ungläubig an. »Heißt das, Sie wollen mir auch an die Wäsche?«

Frau Cordes lacht. »Keine Angst. Ich will nur deinen Widerstand herauskitzeln, der bestimmt irgendwo im Verborgenen noch da ist. Darf ich dich an den Armen berühren, wenn ich dir auf die Pelle rücke?«

Ich nicke, noch immer etwas verwundert, aber so langsam werde ich neugierig. Dies ist meine fünfte Sitzung bei Frau Cordes, die mir von Anfang an sympathisch war, aber bisher haben wir nur geredet, sie hat mir Fragen über meine Familie gestellt, über die Schule, meine Freunde.

»Wie weit wir gehen, kannst du selbst bestimmen«, fährt sie fort. »Im Idealfall ist das Spiel dann beendet, wenn du aus echter Wut wirklich überzeugend Nein gerufen hast. Es sei denn, die Situation ist dir so unangenehm, dass du aufhören möchtest. Dann sagst du einfach ›Stopp‹, und wir brechen ab. Eventuell versuchen wir es dann in einer späteren Therapiesitzung noch einmal.«

Das hört sich fair an. »Okay. Ich mache mit.«

»Und du bist einverstanden, dass ich dich an den Armen fasse?«

»Ja.«

»Wunderbar. Du brauchst wirklich keine Angst zu haben, Sina.« Frau Cordes steht von ihrem Stuhl auf und kommt einen Schritt auf mich zu, dann noch einen, kommt mir nahe, zu nahe –, etwas komisch ist das schon. Sonst sitzt sie mir immer im Abstand von etwa zwei Metern gegenüber. Jetzt streckt sie als Onkel Erich ihre Hand aus, ein klein wenig nur, er ist sowieso schon viel zu dicht dran, gleich grabscht er mir an den Busen, dröhnendes Lachen aus seiner besoffenen Kehle, ich schreie gleich – nein, ich muss lachen, es ist ja nur Frau Cordes.

»Nein«, flüstere ich, dann muss ich mich räuspern, habe einen Frosch im Hals. »Nein. Bitte nicht.«

»Doch«, sagt Frau Cordes leise, »das ist doch nicht weiter schlimm, wir sind doch eine Familie. Da ist nichts dabei, wenn dein Onkel dich mal ein bisschen streicheln will, das steht mir zu.« Sie berührt mich nicht, rückt aber noch ein paar Zentimeter näher an mich heran, ich rieche Onkel Erichs Schnapsfahne, spüre schon fast seine wurstigen Grabbelpfoten, Ekel wallt in mir hoch.

»Nein«, kommt es heiser aus meinem Hals. Immer noch nicht lauter.

»Doch«, raunt die Stimme, jetzt stehen wir Schulter an Schulter, »doch, nun komm schon. Stell dich nicht so an.«

»Nein!« Ich rufe schon etwas lauter.

»Stampf mit dem Fuß auf, Sina«, sagt Frau Cordes leise. »Du schaffst es, los!«

»Nein!« Es ist mehr das Auftippen einer Ballerina als ein zorniges Stampfen.

»Doch!« Frau Cordes packt mich an den Oberarmen. »Komm zum Onkel, mein Schatz.«

»NEIN!« Jetzt schreie ich wirklich beinahe. Jetzt hört man mein Stampfen schon, mir wird heiß.

»Doch, komm her! Du gehörst mir!« Ihre Stimme wird drängender, die Fingerspitzen drücken sich in mein Fleisch, weg da, Onkel Erich, verschwinde, ich will nicht, ich hasse dich, ich versuche, mich aus dem Griff zu winden, und trampele so laut ich kann auf dem Boden herum.

»NEIN, NEIN, HAU AB, DU WIDERLING, ICH HASSE DICH, NEEEIIIIN!«

»Klasse, Sina!« Frau Cordes lässt mich los, sie ist fast so außer Atem wie ich. Jetzt stehen wir uns gegenüber wie nach einer Prügelei, einander in die Augen starrend. »Hast du jemals im Leben so laut und deutlich Nein gesagt, wenn du dich schlecht behandelt gefühlt hast?«

Ich lasse mich kopfschüttelnd auf die Matte sinken, auf der ich stehe. Plötzlich schießen mir Tränen in die Augen. »Nur bei der Magersucht, wenn ich was essen sollte.«

»Siehst du, das ist deine Art, dich zu wehren.« Ihre Stimme klingt jetzt ganz weich, beinahe mütterlich. »Statt deutlich zu sagen, was du willst oder nicht willst, Grenzen zu setzen, die niemand überschreiten darf, lässt du deinen Körper langsam verschwinden.«

Sie holt eine Wolldecke und wickelt mich darin ein wie ein krankes Kind, aber eigentlich bin ich das ja auch. Plötzlich ist mir so leicht und warm zumute. Gleichzeitig bin ich unendlich traurig, verletzt, einsam und verlassen. Ich rolle mich unter der Decke zusammen, wie ein Fötus im Mutterleib liege ich nun da. Als Frau Cordes mit behutsamen Bewegungen meinen Kopf anhebt, um ihn auf ein weiches Kissen zu betten, fährt eine vage Erinnerung durch mich hindurch wie ein Blitz, aber ich kann das Bild nicht fassen, es ist zu schnell weg. Ganz still bleibt meine Therapeutin hinter mir sitzen, ihre Hand liegt leicht auf meinem Rücken, doch ich spüre die Wärme durch die Decke und durch meinen Pullover hindurch.

Langsam löst sich ein Kloß in meinem Hals. Ich liege da, von lauter Schluchzern geschüttelt, und kann nicht mehr aufhören zu weinen.

Es tut so gut.

»Du kannst dich jetzt noch etwas ausruhen«, flüstert Frau Cordes etwa eine halbe Stunde später, als mein Schluchzen allmählich abebbt und mein Weinen leiser wird. Vorsichtig nimmt sie ihre Hand von meinem Rücken und steht auf. »Lass dir Zeit, solange du brauchst. Es wird dich hier niemand stören. Ich bleibe nebenan in meinem Büro, falls etwas sein sollte. Wenn du willst, kannst du auch ein bisschen schlafen.«

Ich nicke stumm und mit geschlossenen Augen, ohne mich zu rühren. Es ist so schön. Meine Lider fühlen sich verquollen an wie die eines neugeborenen Babys. Sobald Frau Cordes die Tür des Therapiezimmers lautlos hinter sich geschlossen hat, falle ich tatsächlich in einen tiefen Schlaf.

Janine und ich freuen uns immer am meisten auf die Wochenenden, denn da kommt Chiara, eine 24-jährige Sozialpädagogikstudentin, die freitags und samstags im »Haus Schmetterling« ihr Bafög aufbessert. Chiara ist total cool drauf, hat fast immer gute Laune und ist trotzdem nicht so oberflächlich. Außerdem sieht sie ziemlich gut aus. Wenn man so ist wie sie, kommt man bestimmt easy durchs Leben. Heute grinst sie schon von einem Ohr zum anderen, als sie durch die Tür zum Gemeinschaftsraum schlüpft. Über der Schulter schleppt sie einen prall gefüllten blauen Müllsack.

»Überraschung, Mädels«, singt sie, »hier kommt der Weihnachtsmann.« Es ist tatsächlich bald Weihnachten, aber statt bunt verschnürte Geschenkpäckchen zu verteilen, schüttet sie den ganzen Sack auf einem Tisch aus. Unmengen von tollen Klamotten fallen heraus, nabelfreie Hüfthosen, coole Sweats und sexy Tops. Sogar ein paar Kleider und Röcke entdecke ich auf den ersten Blick.

»Habe ich alles meiner wundervollen Schwester abgeluchst, extra für euch«, verkündet Chiara stolz und fährt sich mit der Hand durch ihre witzig geschnittenen roten Strubbelhaare mit der grünen Strähne an einer Seite. »Sie ist mal wieder in ihrer Lieblingsboutique als Mannequin über den Laufsteg geturnt und hat anschließend die halbe Kollektion aufgekauft. Das hier«, sie weist mit einer lässigen Handbewegung auf den vor uns liegenden anziehbaren Haufen Träume, »ist ihr zu alt. Schließlich ist es die aktuelle Mode und nicht schon die übernächste. Also los, worauf wartet ihr? Jetzt ist Modenschau angesagt!«

Erstaunte und erfreute Laute erfüllen den Raum, dann springen wir auf und wühlen in den Sachen. Es ist unglaublich, was da alles zum Vorschein kommt, lauter teure Markenware, wie sie sich bestimmt keine von uns jemals leisten kann.

»Hier, Sina, probier mal an.« Chiara hält mir eine schmal geschnittene schwarze Hose unter die Nase. »Die steht dir bestimmt super.«

»Meinst du?« Ungläubig halte ich mir das Teil vor die Hüften. »Die sieht so winzig aus. Ich habe eigentlich immer Größe M. Das hier ist XS.«

Chiara zuckt mit den Schultern. »Wenn du nicht weiter hineinkommst als bis zu den Knien, ziehst du sie eben wieder aus und nimmst dir was anderes. Es ist ja genug da. Hier, nimm auch noch das Shirt hier. Passt total gut dazu.«

Etwas verschämt schnappe ich mir die beiden Sachen und verschwinde in Janines und meinem Zimmer. Janine folgt mir kurz darauf mit einem Kleid, das sie sich zum Anprobieren ausgesucht hat.

»Größe XS«, witzelt auch sie und fängt an, sich umzuziehen. »Schön wär's.« Dann wühlen wir uns schweigend aus unseren alten Sachen und steigen gespannt in die neuen. Der Stoff der Hose von Chiaras Schwester fühlt sich wundervoll an. Glatt und weich fließt er durch meine Hände. Man merkt, dass es ein viel edleres und teureres Kleidungsstück ist, als ich es normalerweise trage. Die Models haben natürlich alle Größe XS, 34 – 36, klar. Aber ich?

»Guck mal, Sina.« Janine steht in ihrem weißen Kleid aus schimmerndem Satinstretch vor dem Spiegel und winkt mich zu sich heran. Mit unsicherem Blick zupft sie am Halsausschnitt herum und zieht ihre Nase kraus. »Findest du, es steht mir?«

Janine ist, seit ich hier bin, die beste Freundin, die ich mir vorstellen kann. Endlose Gespräche haben uns einander so nahe gebracht, wie ich es mir in der kurzen Zeit – immerhin erst etwas über einen Monat – niemals ausgemalt hätte. Wir haben zusammen gelacht und geweint. Ich möchte sie auf keinen Fall verletzen. Aber dieses Kleid hängt an ihr herunter wie ein Sack, weder ihr Busen noch ihr Hintern zeichnen sich auch nur ansatzweise darin ab. Ihre Schultern stechen hervor wie zwei Widerhaken. Das Kleid ist so geschnitten, dass es die Figur betonen soll. Bei Janine betont es, wie mager sie ist. Sie kann es bestenfalls als Nachthemd anziehen.

»Man müsste es vielleicht in der Taille ein paar Zentimeter einnähen«, bemerke ich vorsichtig. »Oder hat Chiara dir aus Versehen die falsche Größe gegeben?«

Janine schüttelt den Kopf. »Ich habe eben noch mal nachgeschaut. Zieh mal deine Sachen an.«

Zwei Minuten später stehe ich neben ihr vorm Spiegel und schüttele den Kopf. Auch an mir schlabbert das angeblich eng geschnittene Shirt herum wie ein Männerhemd und die Hose rutscht mir über die hervorstehenden Beckenknochen. Was mal meine Brüste waren, sind nur noch zwei winzige Erhebungen. So ähnlich sah ich mit zehn Jahren aus, als meine Mutter mir Pullis »auf Zuwachs« kaufte. Über meinem freien Bauchnabel stehen die Rippenbogen hervor. Ich sehe aus wie eine Vogelscheuche.

In diesem Moment klopft es an unserer Zimmertür und Chiara kommt herein.

»Na, was sagt ihr nun?« Sie stemmt ihre Hände in die Hüften und begutachtet uns. »Größe M, ja, Sina? Da wirst du dich wohl noch ein bisschen anstrengen müssen, und du auch, Janine. Oder wollt ihr nächstens in der Kinderabteilung einkaufen? Größe 134, für Siebenjährige?«

Trotzig schweigen wir. Wenn meine Mutter so was zu mir

gesagt hätte, wäre ich wahrscheinlich zur Furie geworden. Aber Chiara – das ist etwas ganz anderes. So wie Chiara wollen wir alle sein.

»Nun lasst mal nicht so die Köpfe hängen!«, sagt sie lachend. »Es geht nicht nur euch beiden so und es kommen auch wieder bessere Zeiten. Dafür seid ihr ja jetzt hier. Kommt lieber wieder mit rüber zu den anderen. Ich gebe jetzt einen Schminkkurs, weil wir morgen mit allen Gruppen zusammen eine Disko machen.«

Schon ewig habe ich keine laute Musik mehr gehört. Als jetzt die neuesten Hits, aber auch einige meiner älteren Lieblingslieder den ganzen Gemeinschaftsraum mit Musik erfüllen, merke ich erst, wie sehr mir das gefehlt hat. Der Raum wurde abgedunkelt und Chiara hat bunte Flackerlichter installiert. Man sieht überhaupt nicht mehr, dass wir eigentlich in einer Klinik sind. Verstohlen, aber neugierig schaue ich mich nach den Mädchen aus den anderen Gruppen um, die sich nach und nach in den Sitzecken verteilen. Nicht alle von ihnen kenne ich vom Sehen. Vielleicht sind auch Neuankömmlinge dabei.

Plötzlich kommen zwei Jungen herein und steuern geradewegs auf die Stereoanlage zu, um die CDs zu begutachten. Die beiden sind genauso dünn wie wir Mädchen. Also stimmt tatsächlich, was die Psychologin damals gesagt hat – dass auch Jungen Magersucht bekommen. Ihre Gesichter sind blass und sie reden leise miteinander. Nicht so ein Gepöbel wie sonst oft auf Feten, wo die Jungs die Musik möglichst noch übertönen wollen.

Einer der beiden dreht sich plötzlich um und schaut mich an. Seine Augen sehen so traurig aus, wie ich es noch nie bei einem Jungen gesehen habe. Als er sich mit seiner mageren Hand durch die etwas zu langen blonden Haare fährt, rutscht das Armband seiner Uhr vom Handgelenk fast bis zum Ellbogen.

Ich muss plötzlich lachen, und kaum sichtbar lächelt der Junge zurück. Dann kommt er zögernd auf mich zu.

»Ich heiße Sebastian«, sagt er und gibt mir beinahe etwas förmlich die Hand. »Tanzt du nachher mal mit mir?«

49,5 kg
Morgens: 1 Brötchen mit etwas Butter, Käse (55% Fett),
1 Teelöffel Marmelade, 1 große Tasse Milchkaffee
Vormittags: 1 Banane
Mittags: 1/4 gebratenes Hühnchen (Keulenstück),
100g Salzkartoffeln, 1 Schälchen gemischter Salat,
1 Portion Apfelmus mit Zucker und Zimt,
2 Glas Mineralwasser
Nachmittags: 2 Kugeln Eis
Abends: 1 Scheibe Vollkornbrot mit Butter
und Kräuterquark (40% Fett),
1 Glas Buttermilch, 2 Tomaten mit
Pfeffer und Salz

»Du hast in letzter Zeit gute Fortschritte gemacht, Sina.« Frau Cordes schlägt in ihrem Sessel die Beine übereinander und fährt mit dem Finger über einzelne Passagen in meiner Krankenakte. »Und damit meine ich nicht nur dein Gewicht, dein Essverhalten und dein gesünderes Aussehen. Du hast auch hart an dir gearbeitet. Findest du nicht auch?«

»Weiß nicht.« Ich zucke mit den Schultern und schiebe die Unterlippe vor. »Gestern war meine Mutter zu Besuch hier, das ging total daneben. Auf einmal! Dabei dachte ich, unsere Beziehung würde sich langsam bessern. Die anderen Male schien es auch so. Ich habe ihr erzählt, was ich hier so mache, sogar von den Mahlzeiten und den Therapiestunden, lauter ganz persönliche Dinge. Und ich hatte tatsächlich den Eindruck, sie hört mir zu, interessiert sich dafür, wie es mir geht. Und gestern – nee. Grauenhaft.« Ich kämpfe mit den Tränen.

Frau Cordes rückt ihre Brille zurecht und sieht mich an. »Was war gestern anders?«

»Ich habe ihr von Sebastian erzählt. Es ist gar nichts zwischen uns. So weit sind wir wohl beide noch nicht. Aber seit ein paar Wochen sind wir richtig gute Freunde, mit ihm kann ich mich so gut unterhalten wie noch nie mit einem Jungen.«

Ich halte einen Moment inne und denke an Fabio, sehe sein Gesicht aber nur verschwommen vor mir, weil die traurigen Augen von Sebastian sich immer wieder dazwischenschieben. »Und schon fiel bei meiner Mutter wieder der Vorhang zu. Genau wie damals wegen dem tief ausgeschnittenen Shirt.«

»Hat sie dir diese Freundschaft verboten?«

»Nicht direkt. Aber sie wurde ganz einsilbig und spitz. Ich sollte mich doch jetzt erst mal um meine Gesundheit kümmern, meinte sie, und mir nicht noch zusätzliche Probleme aufhalsen. Als ob ich morgen gleich mit einem Kind nach Hause kommen würde, nur weil ich mich mit einem Jungen gut verstehe!«

»Wie hast du darauf reagiert, Sina?«

»Ich?« Ich knete meine Hände durch und lache bitter. »Ich habe kein Abendbrot gegessen und eine Stunde lang heimlich Gymnastik gemacht, bis ich irgendwann heulend ins Bett gefallen bin. Janine habe ich es zu verdanken, dass ich heute früh wieder halbwegs normal geworden bin. Aber ich weiß nicht, wie ich Mamas nächsten Besuch packen soll, geschweige denn, meine Entlassung.«

»Bis dahin ist ja noch ein bisschen Zeit.« Frau Cordes steht auf. »Deine Mutter wirst du nicht umkrempeln können. Aber dein eigenes Auftreten kannst du ändern, und das musst du auch. Um gesund zu werden, musst du das alte Muster durchbrechen. Sonst wirst du immer wieder in die Magersucht zurückgleiten.«

Ich blase Luft aus meinen aufgeblähten Backen und nicke. »Aber wie soll das gehen?«

»Das üben wir jetzt gemeinsam«, schlägt meine Therapeutin vor. »Du lebst wieder zu Hause und möchtest deinen Freund zu dir einladen. Ich bin deine Mutter, die dich deutlich spüren lässt, dass sie das nicht billigt. Alles klar?«

»Also, ich kann das nicht gutheißen, Sina.« Mama kneift ihre Lippen zusammen und räumt das saubere Geschirr aus der Spülmaschine. Am lauten Klappern der Teller und Tassen merke ich, wie geladen sie ist. »So kenne ich dich gar nicht. Du hast doch heute überhaupt noch keine Hausaufgaben gemacht.«

Ich rolle mit den Augen. »Wir haben keine auf, nur Geschichte für übermorgen. Das mach ich mit links.«

»Ich möchte aber nicht, dass du wegen eines Jungen die Schule vernachlässigst. Eines Tages sucht er sich sowieso eine andere und dann stehst du da und hast vielleicht noch dein Zeugnis in den Sand gesetzt.«

»Mama«, sage ich und stelle mich so hin, dass wir einander genau in die Augen sehen. »Du kannst manchmal ganz schön verletzend sein, weißt du das?«

Verdutzt lässt sie den Stapel Untertassen sinken, den sie gerade in den Händen hält. »Verletzend? Ich will dich nur vor größerem Schaden bewahren.«

»Aber dass du gleich ankündigst, mein Freund würde mich schon bald wegen eines anderen Mädchens verlassen, das finde ich verletzend, noch dazu, wo du ihn noch nie gesehen hast. Du weißt doch gar nichts über seinen Charakter.«

»Trotzdem, Sina. Schule und Liebe, eines von beiden kommt immer zu kurz. Und da einfach zu viel auf dem Spiel steht, dein Abschluss, deine ganze Zukunft...«

»Vertrau mir doch einfach!«, schlage ich vor. »Durch die Freundschaft mit Sebastian fühle ich mich so wohl, dass ich auch viel besser arbeiten kann als früher. Mein letzter Aufsatz zum Beispiel war Spitze, weil ich auf einmal mehr Fantasie eingebracht habe. Sogar Herr Winter hat das schon gemerkt.«

Mama überlegt ein paar Atemzüge lang. »Da ist was Wahres dran«, meint sie schließlich. »Also gut, soll der junge Kavalier ruhig kommen. Aber um acht, halb neun sollte heute Abend Schluss sein.«

»Ist es sowieso«, beruhige ich sie. »Sebastian schreibt morgen eine Matheklausur. Da kann er ohnehin nicht so lange bleiben. Mathe ist nicht gerade sein bestes Fach. Aber am Wochenende wollen wir zusammen ins Kino.«

»Dann bin ich ja beruhigt.« Endlich lächelt Mama ein bisschen. Auf einmal tut sie mir ein wenig Leid; ihr »kleines Töchterchen« mit einem Jungen, das ist Neuland für sie.

»Aber bis dein Schwarm kommt, kannst du doch mit Geschichte schon mal anfangen. Morgen kommen doch wieder neue Hausaufgaben dazu.«

»Diesmal ist was Wahres an dem, was du sagst«, grinse ich. »Okay. Wird gemacht.«

»Ich werd dir gleich...« Mama lacht, wenn auch noch etwas verkrampft, und tut, als wolle sie mit dem Geschirrtuch nach mir schlagen.

Aber ich bin schneller und sause lachend in mein Zimmer.

Janine hat sich von ihrer Mutter ihre Gitarre mitbringen lassen. Von ihren musikalischen Fähigkeiten habe ich gar nichts gewusst, aber nun sitzen wir beide in unserem Zimmer auf den Betten und ich höre ihr zu. Am Anfang hat sie klassische Stücke nach Noten gespielt, zum Aufwärmen, wie sie sagt. Ihre Finger wären total steif, meinte sie, denn durch die Magersucht hätte sie ihr Instrument schon seit Monaten nicht mehr angerührt. Wenigstens hat sie in mir ein dankbares Publikum, da ich selber überhaupt kein Instrument spielen kann. Von mir aus kann sie danebengreifen, sooft sie will, ich finde es trotzdem toll. Nach einer halben Stunde höre aber selbst ich, dass Janine immer sicherer wird. Ihre Finger fliegen über das Griffbrett, während sie der Gitarre nun rhythmischere Harmonien entlockt. Unglaublich, als was für eine tolle Musikerin sich dieses blasse, etwas schüchterne Mädchen entpuppt, das in den Therapiestunden und Gruppenaktivitäten so zurückhaltend ist und dessen Augen oft glanzlos ins Leere blicken. Jetzt, während Janine spielt, leuchtet sie richtig, ihre Wangen sind gerötet und ihre Augen scheinen Funken zu sprühen.

Allmählich geht sie zu Liedbegleitungen über, viele Songs erkenne ich sofort. Viele davon haben wir in der Schule gesungen, im Musik- oder Englischunterricht. »House of the rising sun« ist dabei, »Stand by me«, »Sailing« von Rod Stewart und sogar »I have a dream« von ABBA. Leise summen oder pfeifen wir beide mit und wippen im Takt mit den Füßen. In meinem Bauch kribbelt es vor Freude, weil ich die Texte alle noch genau kenne. Eigentlich habe ich Lust zu singen, aber ob sich das gut anhört?

Janine spielt und spielt, unser ganzes Zimmer ist von der Musik erfüllt, plötzlich bin ich wie elektrisiert. Zuerst spielt sie irgendeine Improvisation, einen Übergang von einem Lied zum nächsten. Doch mit einem Mal erkenne ich die ersten Akkorde von »American Pie« wieder, meinem Lieblingslied von Madonna. Auch das kenne ich auswendig, von der ersten bis zur letzten Zeile. Ich bin selbst überrascht, als ich mich auf einmal singen höre, zuerst leise und zaghaft, dann immer kräftiger, und es ist mir völlig schnurz, ob sich meine Stimme gut anhört oder nicht. Nachdem das Lied zu Ende ist, fangen wir gleich noch mal von vorne an, dieses Mal singt auch Janine mit. Beim zweiten Refrain schaffen wir es sogar, zweistimmig zu singen!

»Ich glaube«, meint Janine strahlend, »du hast eine gute Stimme, Sina. Daraus lässt sich bestimmt was machen!«

»Ach Quatsch.« Ich lächele sie etwas verlegen an. »Das war doch nur mal so zum Spaß. Ich habe noch nie gesungen! Höchstens in der Schule so ein bisschen mitgejault, im Musikunterricht. Trotzdem, nett von dir, dass du das sagst.« Insgeheim denke ich: Genau das ist schon lange mein größter Traum – eine eigene Mädchenband, in der ich die Leadsängerin bin.

»Wer stellt denn da schon wieder sein Licht unter den Scheffel?« Chiara ist bei meinem letzten Satz ins Zimmer gekommen, baut sich vor uns auf und stemmt ihre Hände in die Hüften. Zum ersten Mal fällt mir auf, dass ihre Oberschenkel ganz schön mollig sind, aber sie scheint sich nicht groß darum zu scheren. Bei ihrer tollen Ausstrahlung muss sie das auch nicht und einen festen Freund hat sie auch. Janine und ich haben ihn neulich mal gesehen, als er sie mit dem Auto hergebracht hat.

»Ja, macht euch nur weiter klein«, schimpft Chiara mit einer richtigen Zornesfalte zwischen den Augenbrauen, »Talent? Nein, ich doch nicht. Spaß? Mal kurz, aber die Schule geht vor, das Zeugnis muss voller Einsen sein. Ich sage es euch, Mädels, wenn sich das nicht ändert, sitzt ihr zwei Wochen nach eurer Entlassung wieder zu Hause und nagt den ganzen Tag lang traurig und einsam an einer einzigen Salzstange herum. Und da wärt ihr nicht die Ersten, denen es so ergeht. Ist es das, was ihr Leben nennt? Was ihr euch unter ›Jungsein‹ vorstellt?«

Janine und ich schweigen. Auch die anderen Mädchen aus der Gruppe beißen sich auf die Lippen und schauen betreten zu Boden. Mit Grausen denke ich an die Zeit zurück, bevor ich hierher ins »Haus Schmetterling« kam, an meine endlosen, verbissenen Fahrradtouren ins Nirgendwo, frierend und mit nassen Haaren, bei Wind und Wetter. Ich denke an meine Schwimmbadbesuche, sehe mich einsam Bahn für Bahn meine Minusbilanz an Kalorien erkämpfen, ohne Freude, sehe mich allein an meinem Schreibtisch Miniportionen essen oder wegwerfen, um anschließend stundenlang Latein oder Geschichte zu pauken. Ich sehe mich unter Tränen mein Gymnastikprogramm absolvieren, bis spät in die Nacht und am frühen Morgen gleich wieder, lange bevor die Sonne aufgeht. Ich erinnere mich an das Knurren meines Magens, der mein einziger Vertrauter war, mein engster Freund.

Ich könnte heulen. Verstohlen blicke ich zu Janine hinüber und erkenne, dass es ihr ebenso ergeht. In zwei Wochen sollen wir beide entlassen werden, wir sind jetzt fast ein Vierteljahr hier. Chiara hat Recht. Hier, im Schutz der Klinik und der Gruppe, sind wir geborgen. Aber was kommt danach?

»Sina.« Sie setzt sich zu mir aufs Bett. »Wie ist es mit dir. Möchtest du singen?«

Etwas zögernd nicke ich. »Eigentlich wahnsinnig gern.«

»Und dich, Janine, muss ich wohl gar nicht mehr fragen, wie es um dich und deine Gitarre steht. Sonst hättest du sie dir nicht extra bringen lassen.«

Bei Chiaras Worten spüre ich, wie es in meinem Magen freudig zu kribbeln beginnt. Wie lange habe ich so etwas nicht mehr gefühlt! »Vielleicht haben welche von den anderen Mädchen auch noch Lust mitzumachen«, überlege ich laut. »Wollen wir sie fragen?«

»Na los, endlich kommt mal ein bisschen Pep in den Laden hier«, meint Chiara lachend. »Ich glaube, im Gruppenraum liegen noch ein paar klapprige Rhythmus-Instrumente herum. Auf geht's!«

Mama schaut mich noch immer ängstlich an, während ich esse. Ich sehe richtig, wie sie sich zusammenreißt, um nichts zu sagen. Es gibt immer noch gute, mittlere und schlechte Tage. Heute ist ein mittlerer. Die Angst zuzunehmen ist noch nicht weg, ich versuche jedoch, mich nicht mehr davon beherrschen zu lassen. Aber mehr als zwei Kartoffeln und etwas Gemüse in Sahnesoße zum Mittagessen schaffe ich heute nicht.

Die ersten Tage nach der Entlassung waren schwierig. Mir fehlten Janine und die ganze Gruppe, Margot, Chiara und auch Frau Cordes. Mama, Papa und sogar Felix waren von Anfang an unheimlich lieb zu mir, lasen mir jeden Wunsch von den Augen ab. Aber ein wenig waren wir uns auch fremd geworden in den zwölf Wochen, die ich im »Haus Schmetterling« gewohnt habe. Nun war ich wieder daheim, aber noch nicht gleich wieder zu Hause, und vieles in unserer Wohnung hier erinnert mich an meine dunkle Zeit. Ich bin nicht gern allein in meinem Zimmer.

Zweimal pro Woche gehe ich zur Therapie bei Frau Cordes, manchmal allein, manchmal zum gemeinsamen Gespräch mit Mama oder Papa. Es ist seltsam, durch das Haus dort zu gehen, das mir so vertraut geworden ist, und zu wissen, in meinem Zimmer lebt jetzt ein anderes magersüchtiges Mädchen. Zum Glück wurde Janine gleichzeitig mit mir entlassen. Wir sehen uns oft. Sebastian ist noch dort, ihm geht es nicht gut. Manchmal ruft er mich an.

»Musst du nicht langsam los, Sina?«, fragt Mama mich in dem leicht besorgten Tonfall, den sie sich mir gegenüber seit meiner Heimkehr angewöhnt hat. »Ihr wolltet euch doch um drei Uhr treffen.«

Ich nicke und stehe auf. »Den Nachtisch packe ich mir ein«, versichere ich und nehme einen der Schokopuddingbecher vom Tisch hoch. »Bei der Probe bekomme ich bestimmt noch mal Hunger.«

Niemand macht eine ironische Bemerkung, niemand wirft mir vor, den Pudding doch nur wegwerfen zu wollen. Mama verteilt Löffel an Papa und Felix, die ihre leer gegessenen Teller aufeinander stellen und ebenfalls nach den Puddingbechern greifen. Alle lächeln mir etwas gequält zu. Es fällt ihnen noch schwer, mir zu glauben. Aber sie haben auch begriffen, dass es nichts nützt, mich zum Essen zu drängen.

Im Flur streicht Mandy um meine Beine. Ich streichle sie und gebe ihr noch schnell ein paar Leckerlis aus ihrer Dose. Dann packe ich mein Mikrofon, das ich mir vom Taschengeld gekauft habe, in den Rucksack, rufe noch »tschüss« ins Esszimmer und gehe.

Draußen mache ich mein Fahrradschloss auf und befestige den Rucksack auf dem Gepäckträger. Als ich aufsteige und in die Pedale trete, spüre ich zum ersten Mal, dass die Sonne schon frühlingshaft warm auf meinen Rücken scheint. Über mir beginnen die Kastanienbäume zu blühen. Nicht mehr lange, und die Freibäder machen wieder auf. Vielleicht kaufe ich mir einen Bikini, überlege ich, während ich langsam weiterfahre und die jungen Blätter und ersten Knospen an den Büschen der Vorgärten betrachte. Irgendwo über mir singt ein Vogel.

Ich freue mich auch aufs Singen. Mein Herz klopft vor Aufregung, als ich in den Hof einbiege, in dessen Haus unser Probenkeller liegt. Wir sind heute erst zum dritten Mal dort. Janine hat den Raum ausfindig gemacht, über eine Kleinanzeige. Wie ich sie kenne, ist sie schon da.

Ich steige ab und schiebe mein Fahrrad zu dem Ständer, um es anzuschließen. Irgendein Typ bearbeitet seinen Reifen mit der Luftpumpe, ich überlege, ob ich Flickzeug dabeihabe. Als er sich aufrichtet, trifft mich fast der Schlag.

»Sina«, stößt Fabio fassungslos hervor, »*du* bist hier?«

Ich bin genauso erstaunt wie er, fange mich aber schnell. »Ich probe hier mit meiner Band«, erkläre ich. »Sag bloß, das ist derselbe Probenraum, den auch ihr benutzt?«

»Genau«, nickt er und hört gar nicht auf mich anzustarren. »Eine Band, du ... Auf einmal? Ich dachte, du bist noch ... Du siehst gut aus! Wie geht es dir?«

»Besser.« Ich weiche seinem Blick etwas aus. »Das Schlimmste ist überstanden, glaub ich.«

»Wann kommst du wieder zur Schule?«

Ich zögere mit der Antwort. »Nach den Osterferien gehe ich wieder. Aber ich werde die Schule wechseln. In der Klinik habe ich eine Freundin gefunden, mit der ich zusammenbleiben will. Ich komme in ihre Klasse.«

»Verstehe«, sagt Fabio leise, »alles klar.«

Ich möchte jetzt eigentlich in den Probenraum, aber er sieht aus, als ob er noch was auf dem Herzen hat.

»Und deine Band, ich meine ... Wann kann man euch denn mal hören?«

»Vorläufig nicht«, antworte ich grinsend. »Es gibt uns ja erst seit ein paar Wochen und die Drummerin stellt sich erst heute vor. Bühnenreif sind wir noch lange nicht. Aber es macht total Spaß.«

»Aber wenn es so weit ist, sagst du mir dann Bescheid?«

»Klar«, sage ich und setze mich in Bewegung, »mache ich.« Dann hebe ich meine Hand zu einem kurzen Gruß und drehe mich um.

Doch plötzlich fällt mir noch etwas ein. »Fabio?«, rufe ich, als er sich gerade bückt, um sein Ventil zuzuschrauben. Er blickt auf.

»Grüß Melli von mir«, sage ich. »Ich würde mich freuen, wenn sie mal anruft.«

Über Fabios Gesicht geht ein Leuchten. »Mach ich«, erwidert er lächelnd und schiebt seine Brille mit dem Finger hoch. »Da ist sie bestimmt total happy.«

Der letzte Soundcheck ist vorbei, alles scheint gut zu gehen. Trotzdem hämmert mein Herz wie verrückt, aber mehr aus Vorfreude als aus Lampenfieber. Es ist ja nur eine Probe. Anna, die Bassistin, stimmt ihr Instrument, während unsere neue Drummerin Pia mit den Fingern ein kleines Solo auf ihrer Trommel hinlegt. Janine hat sich ihre neue E-Gitarre umgehängt und nimmt noch schnell einen Schluck Cola.

Dann ist es so weit, wir fangen an. Lachend stellen wir uns im Kreis auf und legen einander die Arme um die Schultern. »Wir sind die Besten«, witzeln wir. »Wir schaffen es!« Dann trampeln wir mit den Füßen auf den Boden, lösen unseren Kreis auf und klatschen einander in die erhobene Hand, während wir uns vorstellen, wie unser Publikum eines Tages johlen und pfeifen wird, damit wir hinaus auf die Bühne kommen.

Janine und ich nehmen uns noch einmal in den Arm, dann geht jede an ihren Platz hinter den Mikrofonen. Pia gibt mit ihren Drumsticks den Takt vor, dann setzt Janine ein, dann Anna, und als ich dann tatsächlich genau an der richtigen Stelle anfange zu singen, spüre ich, wie alle Last der Aufregung von mir abfällt, ich bin nur noch Stimme, nur noch Gesang. Jetzt tritt Janine zu mir ans Mikrofon, und während wir den Refrain zweistimmig singen, trägt uns die Musik gemeinsam davon wie der Wind die Vögel im April, wir sind leicht und frei.

Erst nach zwei Stunden hören wir auf zu üben. Janine reicht ihre Cola herum, jede von uns nimmt ein paar kräftige Schlucke. Plötzlich jedoch bemerke ich noch ein anderes Gefühl als Durst, eines, das ich sehr gut kenne, aber diesmal will ich es loswerden.

»Wollen wir nicht noch Pizza essen gehen?«, frage ich in die Runde der Musikerinnen. »Mein Magen knurrt.«

Es dämmert bereits, als ich nach Hause komme. Mama sitzt im Wohnzimmer am Tisch und schreibt einen Brief, wahrscheinlich an Oma. Als sie mich kommen hört, blickt sie auf und mustert mich. Ich glaube, sie sieht, dass es mir jetzt ganz gut geht.

»Ach, Sina, du hast noch deine Schuhe an«, sagt sie und weist auf eine Ecke im Flur. »Morgen früh wird die Altkleidersammlung abgeholt, ich habe zwei Beutel zurechtgemacht. Bist du so lieb und bringst sie noch runter an den Straßenrand?«

Ich nehme einen der beiden Beutel mit in mein Zimmer, knote ihn auf und lege die weiße Jeans von Melli hinein. Kann sein, dass sie mir zu kurz geworden ist. Dann knote ich den Beutel wieder zu.

Sei mir nicht böse, Melli, denke ich lächelnd in die immer noch milde Abendluft hinein, als ich die beiden Beutel am Straßenrand gegen einen Baum lehne. Das mit der Hose war nett von dir, damals.

Aber jetzt will ich keine Spinnenbeine mehr haben.

Viele Mädchen, aber zunehmend auch Jungen leiden unter Magersucht. Wer Hilfe braucht oder sich einfach nur informieren will, findet im Internet unter www.magersucht.de oder www.magersucht-online.de wichtige Fakten und Therapie-Adressen. Außerdem gibt es in jeder größeren Stadt Beratungsstellen und Selbsthilfezentren für Menschen mit Essstörungen.

Dick und Dünn. Beratung bei Essstörungen
Innsbrucker Str. 4
10825 Berlin
Tel.: 030/8544994
Dick-und-duenn@freenet.de

Die Brücke – Essstörungsbereich Beratungs- und Therapiezentrum e.V.
Durchschnitt 27
20146 Hamburg
Tel.: 040/4504483

Frankfurter Zentrum für Essstörungen
Hausallee 18
60322 Frankfurt/Main
Tel.: 069/550176

ANAD e.V. Psychosoziale Beratungsstelle bei Essstörungen
Seitzstr. 8
80538 München
Tel.: 089/24239960
beratung@anad-pathways.de

mehr lesen von Christine Fehér

Carolin spielt begeistert in der Mädchenfußballmannschaft, die ihr Vater trainiert. Doch Carolin will nicht nur auf dem Bolzplatz ackern, sondern auch mal Freunde treffen. Bei einer Party lernt die eher Schüchterne Vincent kennen, und bald sind die beiden ein Paar. Aus Angst, ihn an seine Exfreundin zu verlieren, schläft sie mit ihm: das erste Mal und ohne zu verhüten. Als sie entdeckt, dass sie schwanger ist, will sie es erst nicht wahrhaben. Dann aber will sie ihr Kind bekommen, bietet deshalb sogar ihrem Vater, dessen Erwartungen sie immer erfüllte, die Stirn. Auf einmal fühlt sie sich stark, bekommt jedoch auch Angst: Können sie und Vincent schon Eltern sein? Egal, was all die andern sagen, ihre Entscheidung muss Carolin ganz alleine treffen ...

Ab 13 Jahren. 208 Seiten. Gebunden

Patmos Verlagshaus
www.patmos.de

Maja Gerber-Hess
Reto, HIV-positiv

192 Seiten   cbt 30247

Daniela hat Reto kennen gelernt, einen ehemaligen Fixer. Aus Freundschaft wird Liebe, was nicht nur Danielas Familie empört, die ganze Nachbarschaft tuschelt darüber. Die Vorurteile und Anfeindungen der anderen können Daniela und Reto nicht trennen, als sich aber herausstellt, dass Reto HIV-positiv ist, bricht für die beiden eine Welt zusammen ...

www.bertelsmann-jugendbuch.de